消逝的日本
美丽景象的遗失

[美] 阿列克斯·科尔 著　　　　黄林然 译

LOST JAPAN

湖南人民出版社

本作品中文简体版权由湖南人民出版社所有。
未经许可，不得翻印。

图书在版编目（CIP）数据

消逝的日本：美丽景象的遗失 ／（美）阿列克斯·科尔（Alex Kerr）著；黄林然译．—长沙：湖南人民出版社，2019.1
ISBN 978-7-5561-2106-9

Ⅰ．①消… Ⅱ．①阿… ②黄… Ⅲ．①文化史—研究—日本 Ⅳ．①K313.03

中国版本图书馆CIP数据核字（2018）第299262号
LOST JAPAN By ALEX KERR
Copyright: ©ALEX KEEP 1993/1996
This edition arranged with chiiori Co.Ltd.,
Through BIG APPLE AGENCY,INC.,LABUAN,MALAYSIA.
Simplified Chinese edition copyright:
2018 Changsha Senxin Culture Dissmination Limite Company
All right reserved.

XIAOSHI DE RIBEN MEILI JINGXIANG DE YISHI
消逝的日本：美丽景象的遗失

著　　者	［美］阿列克斯·科尔
译　　者	黄林然
出版统筹	张宇霖
产品经理	傅钦伟
责任编辑	杨　帆
责任校对	谢　喆
封面设计	泽信·品牌策划设计
内版设计	罗四夕

出版发行	湖南人民出版社［http://www.hnppp.com］
地　　址	长沙市营盘东路3号
邮　　编	410005

印　　刷	长沙超峰印刷有限公司
版　　次	2019年01月第1版 2019年01月第1次印刷
开　　本	889 mm × 1194mm　1/32
印　　张	8.25
字　　数	160千字
书　　号	ISBN 978-7-5561-2106-9
定　　价	42.00元

营销电话：0731-82683348（如发现印装质量问题请与出版社调换）

序

关于阿列克斯·科尔

我记得我和阿列克斯相识于1978年，那个时候，我才登上新桥演舞场的舞台，初演鹭娘。河原崎国太郎是我们的中间人，那一天，阿列克斯带来了玫瑰。第一次见面，我就觉得与这个人很投缘。那时候我刚初访欧洲回来，内心被丰富的文化震撼着，而阿列克斯在大学期间的研究方向是中国与日本文化，他酷爱旅行，足迹遍布了欧洲各地，他丰富的旅行经验以及对不同国家的讲解，让我大开眼界。更巧的是，我和他都十分喜欢意大利，于是我俩一拍即合，我去美国公演时便请他担任我的口译。阿列克斯熟稔许多国外特有的俗谚与文化，让我学到了许多，对我在国外的工作有很大的帮助，直到现在我仍心存感激。

他曾说过达·芬奇的一句名言："美就存在于平衡之妙里。"他这个人和一般美国人不太一样，感性大于理性。或许因为这样，才得以欣赏到日本文化根底中所蕴藏着的那种暧昧。

他对语言无法触碰的事情也很珍惜。有些事，即使你长篇大论想要说服他，也是无济于事，他如果不在乎，就是不在乎。他在乎的，只有那些能让人心领神会的美好。难怪我们会如此"臭味相投"。

有一次，阿列克斯对我说，我们千万不要变成"cognoscenti"。这个词源于意大利文，意思是通晓天文地理却不做实事的人。可是，他以前就是那样的人，虽然才识渊博，对生活却一无所知。

论对美的感觉，阿列克斯的确造诣深厚，从希腊雕刻一路探索到了丝路、东亚，绝对无可挑剔。可是论生活，他则是那种以为钱可以随处蹦出来的人。这种性格一直到他为美国的崔梅尔·克罗（Trammell Crow）地产开发商工作之后才有了改变。在那里工作的六年，对他是一种特别棒的历练，让他在生意中学到了社会常识与营生技巧。

不过阿列克斯并没有因此而变得世俗，抛弃幽默、感性先行又超然不羁的脾气秉性。他在这方面平衡得很好，同时保有自己的本性与社会人士的成熟感性及见识，因此他才写了这个作品。

当他以一个具有国际观的成人眼光来重新审视日本，他看见了什么？唯有在这样一个无欲无求的美的信徒笔下，才勾勒出日本现今的真正面貌。

这本书，源自阿列克斯对日本的热爱，源自他希望通过文字保存日本之美的信念，我希望它能获得更多读者的青睐。最后，也祝愿他在今后的旅途中，能坚持实现他的梦想。

——坂东玉三郎

目 录

第一章　我的梦幻之城 / 001

第二章　祖谷 / 017

第三章　歌舞伎 / 035

第四章　美术收藏 / 055

第五章　日本研究与中国研究 / 069

第六章　戏墨 / 089

第七章　住在"天满宫" / 107

第八章　泡沫经济 / 125

第九章　关西七景 / 143

第十章　五景巡礼续篇 / 161

第十一章　奈良深山 / 177

第十二章　东西文人 / 195

第十三章　东南亚 / 215

第十四章　得见最后一道光 / 235

后记 / 253

第一章

我的梦幻之城

情迷日本屋舍

6岁的我，一直梦想能够生活在城堡里。

很多小孩子应该和我一样，有着同样的梦想，可是随着年岁的增长，时间慢慢消磨了我们的梦。我的梦还是陪伴了我很久。父亲任职于美国海军，在军队中担任律师，那时候我们住在那不勒斯，每天父亲一回家，我就纠缠着他："我想搬去城堡啦！"我父亲被我烦死了，甚至一度不想理睬我。有一天，他干脆地跟我说："其实这世上所有的城堡都是属于一个大地主的，他叫努斯鲍姆，等你长大了就可以去跟他借房子。"从那天之后，我就一直乖乖等待长大，希望有一天，可以和他见面。

9岁时，我们全家搬回美国，住在华盛顿。那时候，我在一间很特别的学校念书，那里会教小学生念中文和拉丁文。在当时，提供中文教育的地方十分罕见。中文很有趣，这让我开始将心中的完美城堡与中国的河山联想起来，心里充满着对中国无限的憧憬。

后来，我的父亲调动到日本工作，我们搬到了横滨本牧地区的美国海军基地。那年我12岁。

那一年，正值日本举办奥运会，日本经济突飞猛进。不过当时的横滨还保留着旧容颜，群山连绵，青翠欲滴，青瓦盖顶，那种美丽让我心醉神迷。那时候，市营电车上经常可以看见穿着和服的女性。深夜，还可以听见木屐在地面走动的声音。从那时起，我心底对中国的向往逐渐转变为对日本的依恋。

日本屋舍让我十分着迷。当时还有很多气派的日本民宅，我母亲加入了文艺团体，团员都是居于日本的外籍人士，常有机会参观日本的传统房子，而我自然成了母亲的跟屁虫。

我们曾参观过叶片海岸据说是属于日本宫内厅所有的某栋别墅（也许是美军所有）、东京的吉田茂旧宅以及三崎海岸提供给外国人的日式别墅。有时去玩，有时会在那边过夜。当时我年纪还小，很多细节现在都记不清了，但是脑海里依然有较为鲜明的印象。我记得在叶片别墅第一次看到的榻榻米是那么雅净，房间是那样的爽亮。站在二楼的窗户边，可以眺望远处的富士山，我觉得自己好像躺在云端，整个人飘浮在空中。

直到现在，我还能看见三崎山崖上海风轻柔地吹拂着松林，我也还记得父母亲的朋友居住的那幢传统宅邸：门、庭园，接着是另一扇门，最后才是玄关和其他地方……（我后来才知道，原来玄关指的不是住宅大门。要先经过围篱和几道门后才会抵达玄关，那是最后一道关卡，所以才会加上一个玄字。）

抵达玄关之后，主人居然膝行来迎接，着实吓了我一跳。

走进屋内,沿着走廊来到了一个小房间,再穿过边廊进到一间大和室。通往大和室的走廊明净敞亮,可是大和室里却阴翳幽暗,有一种很是神秘的美感。自此以后,那意象便成了我心中的"城堡"。

我的成长过程往返于美国和日本之间。1969年,我进入耶鲁大学的日本学系就读,但是,学校教育几乎只围绕着日本的经济发展、明治以后的政治情况以及所谓的"日本人论"打转。我心底不禁涌现问号——这个日本真是我想居住的日本吗?为了找出答案,1971年的夏天,我环游了日本一周,从北海道一路搭便车走到日本南边的九州指宿地区。

这个旅途持续了两个月。旅途中,我遇到了许多友善的日本人。这些有缘人收留我过夜,那两个月里,只有三天我是夜宿在旅社。可见,当时的确是日本对外国人无比包容的年代。

这趟旅途,不仅让我领略到了日本的亲切感,更大的收获是,在旅途中,我见识到了日本的自然之美。 现代化的浪潮虽然逐渐侵入1971年的日本乡村,可是和都市相比,乡村的大部分地区依然保留着原始面貌,那时候的路大多数还是简易路,山上树木丛生,品种也是杂乱不一。山谷中升起一层层雾气,仿若处于梦幻之地。风轻轻拂过日本的树枝,摇曳的树枝宛如晃动的羽毛,透过枝叶的缝隙隐约可以看见后面的山岩。在地理上日本虽然是属于温带和亚热带季风气候,可是山里的草木却带着热带雨林的性格。常在四国或九州山林里走动的人就会了解我在说什么:日本山林其实很野,湿热、深不见底,好似原始森林，视野中的山都被野草、山蕨和落叶覆盖。行走在山林间，好像时空穿越回到了几亿年前，也许下一秒，就会冒出一只翼龙，迎面扑来，有种难以言喻的气息。

每次回想起那时候的日本自然之美，泪水就会湿润我的眼眶。在后来的20年间，日本的景观经历了翻天覆地的变化：杂乱不一的树林被无情地砍伐，取而代之的是一排排整齐的杉树林，毫无特色；树林里悄然无声，没有一点生物的气息，好像是处于荒无人烟一片死寂的沙漠之中；山林深处也铺装有人工道路，为了防止泥土滑落，山岩被灌上了混凝土，曾经美丽的岩壁消失无踪，而梦幻般的雾气，也永远无法升起。

当时，日本成了全球向往的旅游胜地，有许多的外国学子来到日本见识了京都庭院之后，以为它们就是日本自然风貌的代表。我却觉得他们十分可怜，日本的自然美景应该更具神秘感，充满臆测，就像是神仙即将降临的圣城。有火山，还有多彩多姿的"雨林"，或许日本曾经是全世界最美的国家。可是，那醉人心的自然之美，却已是过眼云烟，渐渐寻觅不到了。而它们却永远会被我铭记在心里，即使我到了80岁、100岁，动人的日本山河我永远也不会遗忘。

四国秘境

1971年夏季旅行，最后一站是四国的善通寺。在最后一天，我在善通寺认识的一位朋友邀请我说："我带你去一个地方，你肯定会喜欢！"于是，我们两人骑上摩托车，从善通寺往四国出发，前往阿波池田，然后再从阿波池田沿着吉野川往上走。两边的山谷愈发险峻，当我还在疑惑他到底要带我去哪里时，我们已经来到了祖谷口这个地方。朋友说还要往上走，于是我们开始沿着蜿蜒的山中小径往上爬。

祖谷溪位于德岛县与高知县的交界处，祖谷峡是日本最深的峡谷。那天我所看见的景色，绝对是日本最最奇幻的大自然，想起我小时候对中国山水的向往，眼前的美景，与宋代山水画中描绘的山景如此相似。

青色的阿波石沉浸在河水里，河水被映衬成翡翠色；峻岩如玉，瀑布从对面山巅笔直地飞流而下；茅草屋三三两两散落在山腰上，好像是仙人的居住之地。

后来为了撰写毕业论文，我专门研究了祖谷这个地方，发现四国地区的开垦方式十分特别。日本村落一般都坐落在山麓或山谷地带而不是山林间，房子的四周开垦为水田，不过四国山区的民宅却一反常规，建到了山林深处。这是因为四国的川畔暗藏危机，并不很适合居住，在山泉附近的山林却更加适宜生活。

不过在山林里，岩石随处可见，不大适合种植稻谷，住在山林中的人也不用因为要彼此协作农事而聚集成村落，所以住宅便如星点散落在山中的各处。

中国元代有一个以独特山水画而闻名的画家，名为倪瓒。在他的画里总是空无一人，只有一间用四根柱子支撑的茅草屋，孤零零地站在浩瀚天地间。画中所透漏出的与广袤无限天地所对应的那种孤寂感，在祖谷山林间，我深有体会。

祖谷可以说是我那次夏季旅途的终结。我找到了"自己真的想住在日本吗？"的答案。

1972年，我在庆应大学做交换生，不过大部分时间，我并没有花费在学业上，几乎成天都沉浸在祖谷的美景里，整天地玩耍。

去祖谷的次数越来越多，我也有了新的发现，祖谷除了拥有特别的自然环境以外，那里的居民也很特别。因为地势险峻的原因，祖谷自古就是"隐遁之地"，避世脱俗。

目前，所存祖谷相关的最早文献中这样记载：奈良时代，曾有一群巫女从京城逃离，逃到了这里，从此消失在了山林里；屋岛之战时，平家落人落败，仓皇逃进了祖谷深山，自此之后，祖谷便成为平家落人的群居地。目前，祖谷深山的"阿佐"地区依然还有平家子孙，他们还居住在茅草屋里，保存着平家的精神象征"赤旗"。

南北朝时期（日本的南北朝时期为1336—1392年），南朝军将祖谷作为要塞之处；江户时代，祖谷人也曾拼死反抗德岛的蜂须贺公所率领的阿波藩直到战争的终结。弱势的老百姓一再地反抗当权者，可见祖谷人的性格之独立与难驯，直到20世纪，祖谷几乎可以称得上是一个独立的国家，难怪祖谷会被誉为是"日本三大秘地之一"。

祖谷最早的"祖谷街道"兴建于大正时代，那时候全靠人力开凿山壁，花费了 20 多年时间才完工。现在，祖谷有很多马路与林道，但我刚去祖谷时，祖谷街道是唯一一条开车能进入祖谷的山路。山路还是简易公路，没有护栏，路的旁边就是悬崖。有一次，我亲眼看到一辆车悬空在山崖之上，就在司机慌忙逃出来的一瞬间，车子就扑通一声坠落到山崖下。那条山路十分危险，可以说是拿生命在行驶。

祖谷的民宅并不是遵循傍路而建的原则，而是建在与马路毫无联系的地方。如果想要去参访民宅，只能通过林里的小径。于是，我行走在祖谷山区的日子就此开始。现在回想起来，当时能够去游玩，着实很幸运，如果稍晚一点再去，那祖谷已不是祖谷了。当时的祖谷，人们还延续着原来的生活习惯，他们会身着草编蓑衣在庄稼地里干活，家家户户还使用地炉。

从主道往祖谷的人家走，通常都要走上两三个小时。因此，祖谷人和外界不常有联系，甚至有些老婆婆十余年都没离开过自己所居住的村庄，去往其他的城镇。

现在，每当我一来到祖谷，就好似回到云端上的生活，我想这可能是因为虽然山下的乡镇与平原已经完全淹没在现代浪潮之中，而山中的日子依然保留着昔日的美好。这样的感触并非独我所有，早在江户时代的碑文上就刻着"祖谷，我阿洲（阿波藩）之桃源也"。可以看出，人们自古就把祖谷当作世外桃源。

说到这里，不得不提祖谷当地的一个很有趣的称呼方式，在祖谷人的口中，外地人被称为"下面的人"。我这种外国人对祖谷人来说肯定是稀罕得不得了的"下面的人"吧，可是大阪人与东京人也都是"下面的人"。所以，我每次去祖谷玩时反而觉得很轻松，因为被当成"外国人"看的那股压力减小了。

但是，再回过头想想，无论如何，我本来就是一个外国人，还可能是历史上第一个踏入祖谷深山的白人。我记得有一天，爬了一个小时左右的山路抵达深山里的村庄，人有点疲倦，在一间小神社的石阶上坐下来歇息。大约过了十分钟，我看见一位老婆婆往神社的方向走来，于是站起来想跟她问路，没想到的是，老婆婆居然尖叫了一声，转身走了。后来我听村庄里的人说，老婆婆以为是神明显灵。现在我每次在歌舞伎或能剧里见到红发神仙，想起这件往事，也明白了其中的缘由。

当我第一次走进祖谷的民宅时，十分震撼。屋子里晦暗阴翳，因为长年使用地炉，屋里的墙壁、地板和梁柱全都被熏得漆黑一片。采用合掌造（双斜茅草屋顶）的屋顶内部由于没有架设天花板，顶端完全淹没在黑暗之中，好像走进了洞穴里。初次进入，什么都看不清楚，需要过一段时间才能慢慢适应黑暗，屋顶内部的茅草也能看见了，那茅草像漆上了一层乌漆，乌黑发亮；架在上方的黑竹竿上往下垂挂着一片片烟叶，被底下的地炉给熏着、烘着。

东方文化的悲剧

谷崎润一郎的《阴翳礼赞》很有名，我以为，他所说的"阴翳之美"，对现代的日本人而言，显得过于高深。虽然，当今的日本到处保存着所谓的"民家聚落",希望能够延续乡土文化,可是,你只要去那些地方走走就知道根本不是那么回事。那些地方都太明亮了:木地板上铺着榻榻米,柱子被磨得光亮,茅草屋顶崭新如初,灯光发散到室内的每个角落。这样的环境,你无法感知到梦。

但20年前的祖谷,还残存着神秘的阴翳。祖谷是个贫困的小山村,房子比一般日本的乡下民宅更小,而且祖谷盛产烟叶,大家都有将烟叶吊挂在室内的习惯,所以,他们屋子的天花顶被设计得极高,高耸的屋顶可以媲美哥特式教堂。飞驒高山的房子比祖谷里的屋子大上好几倍,可是飞驒高山的房子每一层都搭了天花板,在室内看上去,却并不显得宽敞。相比之下,祖谷民家虽小,可是挑空直达屋顶,加上室内昏暗,酿出了一种幽敞的意境。

从晦暗如穴的室内往外踏出一步,便是云端上的桃源乡。在这里可以眺望峡谷和山脉,来到这里,我恍然觉得,这里就是我的梦幻之城。从此,我总是盼望着、渴求着能够在祖谷找到一个属于自己的家。

虽然,我总是强调着祖谷是多么的美丽动人、纯洁美好,但其实在我踏入"伊甸园"时,"毒蛇"已经潜入到了此地。人口外流是造成这种现状的主要原因。1964年,我和我的家人迁至横滨之时,恰逢日本的重大转变期,从那时开始,祖谷人开始不断流往德岛市内以及大阪。到20世纪70年代后,情况变得更加严峻,在祖谷的山林里,遗留了许多无人居住的房屋。

现在的日本乡村，总有一股浓重的老人院气息，那时候的祖谷，虽然人口已经外流，就整体而言，还是一个充满生气的乡村地区。遗留下来的房屋，状况也还不错。

1972年的秋天，我开始了为期大约半年的"猎民家"的行动。不光是走遍了祖谷，连德岛县和高知县都留下了我的足迹，参访的房子不下数十间，若真的要细细数来，应该超过了百间。我和朋友走过一个又一个乡区，一看见什么有点意思的空屋就溜进去。很多房子都还挺好的，却已是人去房空，叫人难以置信。在德岛附近，我曾看见过一间从事蓝染的屋舍，大约长为1.8米的檐廊地板是用厚达10厘米左右的木料制作而成，而且全是榉木，让人十分惊讶。

如此去参访民居的主要目的是观察日本的传统民居与研究建筑。当然，在图书馆里翻阅资料一样可以了解，但是亲眼观察日本的传统民居，能够得到许多书本上没有的知识。通过自己的双眼，我见识到了日本人的传统生活方式。

在那个年代，弃家远走的人似乎是情非得已，走得十分仓促，家里的许多东西都没有时间带走。屋内的物品一直摆放在那里，而主人却已经没了踪影，仿若一幅停格的生活剪影。到了1971年，民居已经沾染上了现代化浪潮的痕迹——新搭的天花板、换过的铝门窗。除了这些细节，民家还是保留了原有样式。

进入20世纪后，人类的生活在各方面都面临着重大的改变，尤其是东方的文化与自然遭遇了严重破坏。我想这是一个很明显的历史现象。欧洲各国的产业革命总共耗费了400年时间，逐步慢慢得到转变，而中国与日本的现代化却是平地一声响，猛烈而迅速，而且还是由完全异质的文化带来的改变。

从耶鲁大学毕业后，我在牛津大学研读中文，那里的经历让我印象很深刻。日本皇太子德仁亲王留学过的莫顿学院里就有座英格兰最古老的图书馆，我去到那里时非常诧异，图书馆已经有700多年的历史，可是书本、书柜、桌椅，甚至是图书馆本身的概念，却都是现代的。

仔细想想，现代西方人的服装与住宅，都是在欧洲文化的洪流中自然发展而来，"现代生活"和"过往生活"之间并没有太大的冲突或鸿沟，英国与法国的乡下仍一如既往地朴素美丽，许多城镇从中世纪时代延续至今，当地人也珍惜一路维护下来的景致。

然而反观今日日本的服装、住宅，都是与东方传统文化全然脱节的产物。日本人看到京都与奈良的老街时会忍不住赞叹"好美！"那是因为他们知晓，自己已经融入了现代生活，再也回不去往昔；说难听一点，京都已然是个"谎言"。我们看不见东方的"巴黎"与"罗马"，只见京都、曼谷接连受到粗暴的对待。在混凝土丛林大军入侵的同时，乡间则竖立起招牌、电线，换上铝门窗，传统生活样式被全然抛弃遗忘。我相信这不仅是日本这个国家的悲剧，也是整个东方的悲剧。

在历史的洪荒之中，这样的改变或许是无可奈何的命运。

当传统的自然与本国文化被抹消后，大家就创造出"新的传统文化"。那是披上传统皮毛、搭上现代血骨的产物，是文化上的"科学怪人"。

而日本无疑也已经遗落了自己的传统文化。住宅建筑绝对是个显而易见的例子。我先前提到，关于住宅的"亮"，绝对是新的传统文化现象。

日本建筑的历史之中有一项关于"榻榻米"的传说。很多人都迷信日本建筑架构于榻榻米的存在之上，而我想这绝不是实情。你仔细翻阅一些书画就会知道，平安时代为止的"寝殿造"建筑样式里，铺的都是木地板，只有身份尊贵者独坐在一片榻榻米上。现在去到御所或老禅寺里的本堂，都还看得到这种建筑样式。建筑物的主要房间铺木地板，榻榻米只是临时辅助用的设备，不是绝对陈设。一般民家不用说，当然只铺木地板了。至于寻常农民更不可能有钱铺榻榻米，当需要在木板上铺个什么东西时，他们就铺草席。祖谷人只在地炉周围铺设草席，其他房间一律只有木地板。而这些木地板会早晚擦拭，因此又黑又亮，像戏剧舞台一样清爽。假使铺设榻榻米，其边界便会映入眼帘，房间看起来就小了。黑亮的地板却可以消弭边界与隔间，让空间看起来无限开阔。

让我们回到祖谷的话题。祖谷分成了西祖谷与东祖谷，西祖谷相对来说比较热闹，以知名的蔓桥每年吸引数十万名游客。东祖谷则不若蔓桥周边那样开发，没什么游客进入。当时我深入了东祖谷最深处的剑山地区，走遍所有村庄，看过一间又一间变成空屋子的民居。空屋多是多，却没找到什么合理价位的好房子。不久前，还有人住的房子不是已经装上了天花板，就是改装得奇形怪样,至于被废弃的空屋已然残破不堪,地板是斜的,柱子是裂的,不是修理就能解决问题的。

直到1973年1月,我初次踏上祖谷一处名为"钓井"的土地。那趟旅程我带上了写给竹本先生的介绍信。

一见到竹本先生,我便迫不及待地询问:"请问这里有没有什么空房子?"竹本先生爽然点头,带我去看附近的空屋。他带我去的是一间不大的空屋子,第一眼看到它,我便从心里笃定"就是它了"。

终于,我寻找多时的梦幻之城伫立在我的眼前了。

第二章

祖谷

"仁者乐山"

在1973年，我做了一项完全不符合日本房地产收益规则的不合理投资，我在德岛县深山里的祖谷购置了一块土地。买地这件事本身没什么好稀奇的，20年后，那块土地的价钱降到当初的一半，这就很稀奇了。我看祖谷搞不好是这20年内全日本唯一土地贬值的地方。

我之所以买下祖谷的土地，并不是想要一个"住宅"，我想要的是一座"城"。

我虽然不像大地主努斯邦那样对城很有研究，但我相信一座城必须要满足三个条件：第一，要雄踞在巍峨的山巅；第二，很有力量，让观者臣服在它的气势下；第三，室内必须完好地维持往昔的生活样貌。从这个观点来看，祖谷的房子小归小，但完全具备我认为一座城所必须满足的所有条件。

我在东祖谷的钓井找到的这间房子，在祖谷当地来讲算是规模较大的住宅。屋顶是用茅草搭盖的,梁柱框架全都是颇有分量的粗木,粗到让人怀疑会不会与房子不太成比例。土地共有 120 坪①,越过门前的石墙可以眺望远处绵延的祖谷群山,屋后则是丛生的竹林。

这房子的确切年头连附近邻居都不清楚,唯一知道的是,当初最后一任屋主是那家族的第七代子孙,所以算一算房子至少是 18 世纪的建筑。在我搬进去之前,房子已经空了超过 17 年了,一直没有人居住,幸好屋况不错,乌亮木地板的起居间及地炉间都还维持着旧有模样。

唯一要说美中不足的是,茅草屋顶的年龄已经有 50 年了,屋顶上长有青苔、山蕨,一下雨屋子就漏水,那时候我还很乐观地认为总会有办法的,浑然不知自己往后将为那茅草屋顶吃多少苦头。

从我提出购屋意愿到成交总共花了 4 个月时间,那期间我不时去当地走动,也参加了钓井的祭奠,与当地人混熟了一些。之所以会花那么多时间,是因为语言的问题。对只会说所谓的标准日语的我而言,祖谷方言实在太难了!比如关西话那种把语尾简略成"ぁかん/不行""しらん/不知道"的习惯,又掺杂了四国人"行きぉる/去""话しぉる/说"的悠长语韵,再混合平家落人从往昔流传下来的平安时期文法"なもれ/请坐""いぬる/离开"等,在我听来,简直就是外星语。祖谷的中年妇女会说"电话哦响里",其中"电话"是 20 世纪的语言,

---

① 坪为日本面积单位,1 坪 =1.818 米 ×1.818 米。

"响里"是四国方言，夹杂在其中的"哦"则是平安时代的助词。为了听懂祖谷话简直要了我半条命，最后不得不找到了我在东京的日本朋友帮忙。

深夜，和祖谷人小酌聊天的时光迢迢悠悠仿佛没有尽头，我只听得懂一半，但心想反正回家后可以请朋友解释，所以无所谓。没想到的是，聊天结束后，当我和朋友走在漆黑一片的羊肠小路上时，他突然说道："刚才他们说什么呀？我是什么都没听懂。"

虽然经过这一番语言不通的波折，交易终于还是在 1973 年的春天谈定。最后，我用 38 万日元的价格买了一块 120 坪的土地，包括房屋。当时我还是一个学生，不可能有那么多的钱，幸得我父亲一个在东京的朋友大方相借。这笔钱可是一笔大数目，我花费了 5 年的时间才还清。

接下来，我要做的就是要扫房子，再来个大改造，改造成能住人的地方。光是从房梁落到地板上的灰尘已经积了 5 厘米厚了，得先用扫帚将它们聚拢在一起，倒在外面聚在一起再烧掉。结果我一点火，烟立马就窜上来了，我这才发现它们并不是什么灰尘，而是香烟。

自江户时期起，祖谷就盛产烟丝，家家户户惯常在横梁上架上竹竿，把烟叶吊在上头阴干。房子空置了 17 年，烟叶掉落地面最终变成了灰，而我在毫不知情的情况下就在那一天烧掉了有十几年历史的烟丝。

大扫除的过程中，并没有发现什么稀世珍宝之类的古董，倒是意外窥见了祖谷人的生活状况，因为原住者把家当原封不动地留了下来，那些生活用品折射出祖谷人家的生活状况。最大的收获就是一个少女的日记。在她的日记中，详细地描述了贫穷的祖谷生活，幽暗的房屋以及对大都会几近绝望般的无限向往。每当我想起那日记的时候，总是多少能明白为什么日本人愿意破坏大自然，以换取住在混凝土及荧光灯下的生活了。18岁时，少女好像突然停笔了，似乎是离家出走了。留守家中的爷爷奶奶将"孩子不回家"的纸倒着贴在挡雨窗上。这张纸到现在还贴在那里，我不知道这种倒贴是代表孩子再也不能回家，还是希望孩子早日归来。

清理完毕，接着是走电线、重新布局家中的用水空间，打造出来一个厕所。那时的祖谷还没有道路可以开车上去，只能徒步一个小时到山下，到祖谷街道把必要的物资搬上来。先把物资搬到架设在山谷间的运货流笼，然后用流笼运到山上的空地，再与东京来的朋友用背的方式走山路把东西背回家。

80米外，是离我家最近的尾茂先生一家人。从教我们怎么拿镰刀开始，尾茂先生就成了我们这两个"下面的人"（我和东京友人）的守护者。当地人开始跑来看"外人"（日本人对"外国人"的简称，大多时候带有歧视意味），不知不觉间给了我们各种帮助，当地人肯定觉得我们不太正常。尽管如此，长辈络绎来访，围着地炉闲聊，大家以各种形式给我们提供了各种协助。有时晨起发现有人把小黄瓜摆在走廊上，这样的事情隔段时间就会发生，还有人帮我们除了前院的杂草。虽然我家的窗上贴了一张"孩子不回家"的纸，钓井的孩童还是每天都跑来我家玩。

在与祖谷人的相处中，我发现无论男女老少都是那么温柔而诚挚，诚挚到了我不知如何用语言来描述的程度。原本我想这大概是因为祖谷几百年来都与世隔绝，但后来逐渐察觉到了山上人与平地人的不同。正如孔子所说"仁者乐山，智者乐水"（意思是有智慧的人喜爱水，仁厚的人喜欢山），山上人大多都有一颗柔软的心。他们不需要为了如何灌溉水田等的农业需求而聚居成一个圈子，没有那么复杂的人际关系，因此生活虽然贫穷，心却是很从容。比如，在美国，在平原地区种小麦的农民一般表情比较严肃，很注重宗教与规矩，而住在美国西部——歌谣里常出现的阿巴拉契亚山脉一带的人就完全不同了。一想起那个地方，脑中浮现的是这样一个场景——一个中年男人，在门廊摇椅上一窝就是一天，嘴角衔着一根草。祖谷人的性格就是这样。

与之相比，现代社会的日本人脑子却是十分的呆板顽固。我认为是经历了漫长的幕府政治、明治至昭和初期的军国主义再加上现今的教育体系造成的。翻阅平安至镰仓时代为止的文献会发现，从前的日本人想法很开放且有弹性，可是进入镰仓时代，尤其是进入江户时代后，日本人的性格逐渐开始僵化，而全日本能够逃脱这种僵化性格感染的地方只有两处：一处是大都会里的老街，另一处则是偏僻的深山里。我想这是为什么我在与祖谷人往来时，会觉得自己除了接触到平安语法的祖谷话，更接触到了属于日本人原来的性情。

后来，我觉得我的梦幻之城需要一个名字。某天晚上，我和朋友闲聊，一致认为名字最好是连祖谷的小朋友也不会排斥的。我是吹直笛的，所以我们打算取个有"直笛之家"含义的名字，但当时想到的只有"笙/ツョウ/shou""笛/テキ/teki"这类字眼。我那个当事人的朋友嫌这种字眼发音拗口，于是我们查找旧《汉和辞典》，找到了"篪/イˊ"这个字。"篪"的含义为"竹笛"，正好适合朴素的祖谷。

然后就是"家"该用哪个代替，具有"小草屋"含义的"庵"很适合，可惜这个字如果发音为"ぁん/an"听起来很像茶室，所以，我们选择发音为"いおり/iori"。钓井的小朋友一下子就接受了这个名字，大人也很快习以为常，称呼我家为"篪庵"。

多年后，当我决定成立自己的美术品相关公司时，特意将公司登记为"篪庵有限会社"。现在我的工作虽然大半在东京、京都或泰国曼谷进行，可是每当看见公司收据或文件合同上面的公司名称，就会想起祖谷的家。

20世纪最后一次更换茅草屋顶

修理房子需要很多的体力劳动，就日本房子而言，最重要的不是如何构建或者改建房屋，而是要合理地布局空间的使用方式。特别是以隔间的特性来说，东亚建筑的一般特性是使用木桩来减少壁面，让空间由左至右一气呵成，显得开阔清爽，日本的房子自然也不例外。更夸张地说，这种房子就像是风和光线可以自由穿行的凉亭。其实从前的房子做得很宽敞，但是从前的人得考虑到防寒功能以及大家族群居的隐私问题，于是利用纸门和纸窗隔成不同的小房间和走廊，所以房子显得比较窄。现在的我们并不需要这些隔间，所以，我把纸门及纸窗拿掉，重新恢复日式榻榻米房与大起居间的美。将回廊纳入房内后，整个空间显得很清爽。每次有人来篪庵或是我位于京都府龟冈的住宅（江户初期建筑），总是喜出望外，我想肯定是因为隔间拿掉后，整个空间展现出迥异于一般日本住宅的开阔与明亮，让人觉得充满了开放气息。

祖谷的房子原本是厚实全黑木门，我把它也拿掉，借这样的空间布局将少女日记中所怨叹的属于祖谷的"暗"彻底改变。

空间使用与灯光配置也有关系。荧光灯必然不能出现在这样的房屋里，日本在这一点上就是"非说不可"了。再如何高雅有致的空间，如果有了荧光灯的存在，立即变得索然无味，所以欧美只在厕所与厨房装荧光灯，反观日本的住宅荧光灯却出现在房子的每个房间里。我朋友坂东玉三郎对电影很有研究，曾经这么说："你看西方电影里的颜色非常温暖有深度，'阴影'很丰富，甚至连那'阴影'都有色差。日本电影里却没有'阴影'，色彩平淡无奇。大概是因为长久地生活在荧光灯下，日本人已经失去对色彩的敏锐度了。"

要策略性地使用种种灯光手法来把一个平凡小山屋打造得出色，不仅仅是要抛弃荧光灯，还要把灯光打到天花板上与庭院里。在研究如何完美地运用灯光的过程中，我发现使用灯光的诀窍之一就在于把光"由下往上打"。现代生活里的光源几乎全来自上方，以前老房子里用的不是地炉、蜡烛就是油灯，全是下方光源。所以，当我们把油灯摆进老房子里，老房子一下子就变得迷人，就连东京的现代公寓，在地板上摆放灯具，整个公寓瞬间就充满了浪漫的气息。而在院子里安装灯源，由上往下照明只是增加了"亮度"，由下往上却会让你的院子掩上一抹神秘气息。个中缘由我倒是不清楚，也许是源自人类自古从洞窟时代传承下来的感性。每每在篪庵，我与朋友围着地炉聊到深夜，恍惚中，总有一种在数万年前很多人围绕着营火的感觉。

当时祖谷的人口外流问题已经很严重，有许多空置的房子，许多的民间艺术品被抛弃，我自然会去一样一样地挑选。在挑选的时候，我渐渐地悟出了一个道理：无论是多么出色的民艺品，也不该摆放在家中，这样房子会显得更美。应该让拥有榻榻米、木板黝黑的起居间清爽简单，自然地散发出不亚于能剧舞台的一种从容，如果房间里的饰品种类太多，空间原本存在着的那种气质，反而会消失殆尽。

我去大溪地旅行的时候，曾窥探过当地人家的陈设。当地人是直接坐在地板上，室内除了电视机外，没有其他摆设了。我也常去泰国，泰国的传统住宅里也是除了佛坛什么都没有。我想很多人知道日本和东南亚在住宅建筑上有很多相似点，例如高架地板与双斜屋顶（合掌造），还有一个很有趣的共同点——"空屋"（Empty House）精神。而中国和韩国则完全不一样，在中国，连穷人家里都把桌椅家具摆得满满的，中国人的家具摆法本身甚至就是一样艺术。然而日本住宅拥有一种"空屋"精神，最终我也只得抛弃一切多余装饰，臣服在"空屋"的静寂之美中。

我买簏庵时，那个茅屋已经有50年的历史了，后屋顶腐蚀漏水，不得不翻新。可是当时还是学生的我根本不可能有钱铺新茅草，于是我只好展开漫长的"茅草寻觅之旅"。

所谓的茅草其实是芒草，比麦秆牢固，一个芒草屋顶可以用上六七十年之久。在现有的屋顶横梁上要铺用到的茅草数量之多简直超乎想象，以我家为例，我家房子面积大约是400平方米，地板面积是32坪。屋顶面积则是地板的3倍为96坪。每一坪要用掉的茅草大约是15捆（一捆是用6尺绳绑成一束），所以，更换一个屋顶要用掉1440捆，而每一捆要花2000日元，所以光是茅草钱就得花掉我288万日元。

在梭罗的《瓦尔登湖》中的"经济篇"部分，记载了木材与钉子的价格。以前我读此书时一直没有弄明白，为什么一心想在森林里当个闲云野鹤的梭罗要做如此铜臭味的计算，后来自己面对簏庵的屋顶时我就懂了，梭罗应该是想借由金钱计算来呈现一个现代人的生活选择需要多少钱。例如以东京来说，稍微像样一点的公寓，每年房租就要200多万日元，相比之下，可以使用60年的茅草屋顶只要288万日元，应该还算便宜。

可是我连38万日元的借款都得分5年还清了，怎么可能有钱买全新的茅草。幸好我的邻居尾茂先生介绍我去买了位于钓井的另一间空屋，那间房子花费了我 5 万日元。在尾茂先生、钓井居民还有我来自东京的朋友的帮助下，我们一起把那房子给拆了，将屋顶茅草卸下来，一次背上 4 捆，走 20 分钟山路背回我家。由于旧茅草被地炉煤烟熏了几十年，所以在工作了一整天后，我们每个人的脸看起来都像矿工。

1975 年的夏天，终于可以重铺篾庵的后屋顶了。当时铺屋顶的师傅要去祖谷深山帮平家后代子孙铺盖阿佐屋的屋顶，于是顺道绕来钓井，帮我弄好了篾庵的后屋顶。那天好多钓井居民和我的朋友都聚在篾庵，把屋顶给重新铺好，就像过节一样热闹。

现在回想起来，当年在祖谷的生活简直如梦如幻。我们常与钓井的小男生一起跑到深山的"熏世渊"玩。那时候到熏世渊连山路都没有，只能乖乖地翻山涉水过去，要花费 3 个小时的时间。钓井当地人深信，在阴暗湿冷、幽不见底的熏世渊里一定住着龙。但是，我们每次都脱得光光的，玩得疯天疯地的，也从来没被龙袭击过。真要说不可思议，就是每回去熏世渊游泳后，回去的途中一定会碰上大雨，感觉就好像是龙神的惩罚。夜里我们到屋外看流星，那时候流星多得不得了，大概每小时就会看到七八颗吧。夜深人静之时，我们就进屋子里去围着地炉讲鬼故事，累了，一头钻进绿色蚊帐里，一群人睡得东倒西歪。

人家说在日本对待房子就像是在抚养小孩子，不能放任不管，永远要买新衣服，一下子要换榻榻米，一下子要换纸门。

祖谷的家也是，特别是屋顶问题，这个很棘手。我当时重铺的毕竟是旧茅草，而且只换了后方屋顶，进入20世纪80年代后，这个问题终于不得不开始重视了。

于是我重新踏上了寻找茅草之旅。但进入20世纪80年代后，本地人口更稀少了，大自然也受到严重破坏，祖谷人的生活已与往昔迥异，屋顶纷纷改用铅皮，茅草地也几近消失。

我找了很久，终于让我找到祖谷最后一处茅草地，接着花了5年时间搜集了1500捆茅草。之所以要花上5年有很多原因，因人口外流的缘故，祖谷几乎只剩下老爷爷与老奶奶，而且大家都很讨厌割草，因为割芒草有时间的要求，在十一月末，山芒最长最韧，所以要刈芒草得等农历亥子日①过了以后。可是亥子日过后天气非常冷寒，有时还会下雪，我也帮忙过一两次，手脚都冻僵了，非常辛苦。

另外，在换铺茅草时，需要用到的材料也有很多要钻研的细节，我现在随便想都能举出例子来。例如茅草就有很多种类，其中一种特别的芒草叫做"Shino"，是春天掉光叶子后只剩下芯的春芒，用来铺在屋顶角落。竹子也需要包含"Shimouto竹""栈竹"等六种不同的种类。

接下来，还是说说《瓦尔登湖》的"经济篇"，第二次换茅草屋顶对我造成了很大的经济压力，包含每天工钱在内，花掉了近1200万日元。既然祖谷是全日本唯一一个地价下降的地方，银行当然绝不会贷款给我，于是我只好找朋友帮忙，用现

---

① 农历十月为亥月，亥子日为亥月第一个亥日。

金付款。

1988年，终于把全部的屋顶都铺好了。除了被指定为文化财产的建筑之外，我家是祖谷最后一座重铺茅草屋顶的房子。茅草地在那之后就被铲除，种上栗树林，而茅草师傅也因为没人继承手艺完成了他的最后一次工作。

祖谷，再也回不去了

很多朋友问我："你为什么要花那么多钱修复日本的茅草屋顶？"我想，其中一个原因在于我对这种屋顶实在没有抵抗力。每次一看到英国乡下的茅草屋、南洋群岛用棕榈叶铺成的屋顶，我就觉得很安心。茅草屋好像从土里冒出来的青苔或香菇一样，充满自然的感觉，没有现代社会中的世俗感，我想这种安心感或许从远古时代就一直存在于人们的心底。就这层意义来讲，如今日本人完全抛弃了茅草文化实在是一种罪过。他们认为，茅草屋顶"太贵"而且"不好打理"，但是铅皮屋顶就费用和耐久性来说并没比茅草屋顶好到哪里去。就像我在上一章提过的，面对20世纪掀起的剧烈文化变动，日本人不知如何面对自己过往的文化及自然环境，于是不但抛弃了茅草屋顶，也抛弃了木构住宅，并将山、石、林木与海岸也一并扔进历史的垃圾箱里。

20年前，我刚来到祖谷时，日本的自然环境已经遭到显著破坏，但不见任何议论或来自民间的反弹。破坏情况如星火燎原，现在日本俨然已成为全球最"丑"的国家之一。我的外国朋友到日本游玩过后，都很失望，除了"招牌景点"箱根公园等少数地方之外，日本乡村已遭到严重破坏。我朋友问我："我们到底要去哪里才不会看到招牌、电线和混凝土？"而我却无言以对。

据说日本多达3万条河川里，只有三条没修水库；绵延几千公里的海岸线，超过30%铺上了混凝土块。在国家补助下，全国杂木林被拔出，改种成井然有序的杉木林。如今上山看红叶也早已不见成片火红，即使有也是这里一丁点、那里一小撮，活像山上的拼布。

还有电线。世界上发达国家中，只有日本城乡的电线没有地下化，日本街道之所以让人感觉杂沓或许就是因为这样。郊外这种现象更严重，比如，横滨的新住宅港北新城中巨型电塔和电线杆到处都是，电线在人们头上交织成了电网地狱。而乡下的情况更加糟糕，电力公司简直是无法无天到令人怀疑他们是不是有计划地要破坏美好的自然环境，才故意把电塔设计成那样。总之是到了令人嗤之以鼻的地步。

电影导演黑泽明在接受访谈的时候，曾经这样说："近来日本乡区越来越不堪，在日本取景的难度越来越大。"我想他说得很实在。各位读者，下次你们看到海报或电视上出现了壮阔的自然美景时，请你们找一下，如果找不到电线，那恐怕有98%的可能性是在国外拍摄的。

杜甫有诗云"国破山河在"，而现在的日本恰恰相反，可以说是"国荣山河亡"。最不可思议的是，我发觉日本人自身却没注意到这个现象。前不久，我在我住的龟冈地区的青年工商会议所提到，从过道远眺龟冈四周山景时，总共可以看到六十几座铁塔，在场的人无不面色如土，因为大家从没睁开眼仔细瞧瞧那些铁塔。大家光喜滋滋地想"龟冈还真是好山好景好地方"，浑然不觉美好的山景早被人恣意破坏了。

"日本很美""日本的大自然丰美出色"——这样的想法早已经由学校教育渗透为全体日本人的信念。请容我消遣一下这种意识形态的惊人能量吧！在教科书的洗脑下，日本人似乎错认为"日本是全球唯一拥有四季的国家"。时常有日本朋友问我和其他旅居日本的外国人说："你们国外不像日本这样四季分明吧？"甚至连曾长期住在国外的日本朋友也这么问，实在令人对日本教育甘拜下风。日本人似乎对学校教给他们的这些与现实不符的资讯毫不质疑。

所以，尽管现实中大自然早就被混凝土与电线侵袭，尽管"山河已忘"是既定事实，日本人还是深信"日本美得不得了"。但日本人真的失去了平安时代那种细腻美感了吗？我以为不是，他们心底或许早就察觉日本已然失去了往日的美好，所以，近年来日本电影总是在海外拍摄（加拿大或澳洲的塔斯马尼亚），日本朋友拼命跑出国玩，大家想办法要在夏威夷买别墅。在意识上，虽然还不愿意承认日本的环境失控，可是在行为上却已经有了逃离日本丑恶环境的反应。

最近开始看得到一些保护自然的民间行动，但与此同时，日本的自然破坏也一发不可收拾。常可以在乡下看见山被削平、滥垦，目睹那样的景象总令我深深惊慌，日本这个国家已经变成一台骇人的巨大机器，而那机器此刻正张开钢牙啃噬日本的国土，但没有人可以制止。每每想到这件事，背脊不禁发凉。

有一次，我去泰国普吉岛看了新的度假村开发案，首先是印尼人提交的策划案——在几乎保持原貌的棕榈林中，三三两两地散落着度假小屋，像是童话故事中的世界。建筑物全是木构，设计是仔细研究过泰国、中国与日本的传统建筑优点后采纳定案，入口更是连一块招牌都看不到。

而日本主导的两个开发案，树林全部都被砍伐了，山被削平，而建筑物都是采用的混凝土，让人觉得浑身发热，建筑形式虽然是泰式建筑，但是懂行的一看就知道，这个设计者对泰式建筑其实一无所知。建筑物排列得整整齐齐，而绿化都是一些刚种下的树，根本感受不到任何大自然的从容气息，而入口居然设计成现在日本暴发户最热衷的大理石与铝材搭配而成的大门。究竟日本原有的"木构文化""宅寂""与自然共生"和"细腻"消失到哪里去了？就这种胡乱的开发，恐怕日本的自然环境已经病入膏肓。

所以，最近我很少去四国了，心底太不痛快。祖谷遭到很无情的破坏，所幸篪庵附近的山景还没被摧毁，可是在去往祖谷的路上，濑户内海、香川县、德岛县一个一个变得庸俗不堪，沿途之景让人越看越疲倦，越看越心碎。抵达祖谷后，熏世渊早就被建设林道的工程淤泥掩埋，而当我站在自家的石墙旁远眺群山，只见山上到处是防止山崩的混凝土。祖谷川也多了好多铁塔。噬山怪兽侵入祖谷看来也只是时间问题，怎么能够放心欣赏美景？我心底只有难过与忧愁。

当年买下祖谷的家时，虽然日本自然景致已经开始遭到破坏，但我还是想像神仙隐居于山林之中，一直居于祖谷。倪瓒在画里描绘过一幅这样的图景，在一座高耸入云的碧翠岩石顶端，偎坐着一间小小的茅草屋。那就是我的梦。我渐渐明白我所向往的心醉神怡的山色，寿命是那样短暂。于是，我的目光开始游移，移往别处寻梦。1978年，我遇见了歌舞伎者坂东玉三郎，一头栽进了日本传统艺术世界中。

1978年，我决定下山，到"下面"的东京去。当然我并未对祖谷死心，在那之后的12年间，包括最近换屋顶的过程在内，我在祖谷获得了许多体验，只是那心底的"梦幻之城"留在1978年的冬天，寒气逼人。离开钓井的那天，隔壁尾茂家奶奶写了首俳句：晨山踌躇，细雪依依。

第三章

歌舞伎

天使打开一扇"歌舞伎"之门

　　天使也许时常捉弄我们这些凡夫俗子，可是他们怎么用手来摆弄命运，我们却没有办法看见。而有的时候，天使也会慌乱，突然露出了隐藏在纱衣后的手。我想起自己当年迷上歌舞伎，一股脑踏入这个世界时所发生的种种巧合，就觉得自己好像窥见了天使的手在晃动一样。因为那些巧合，巧得只能称之为命运。

　　1977年夏天，我终于结束了漫长的大学生涯，参加了京都附近龟冈地区一个宗教团体。当时我是奔着他们的艺术活动去的，并不是为了那些宗教活动。

　　那年夏天，我得到了一个预言："你不是这个世界的人。离开地球，去找寻月亮吧。月亮不行，就去别的天地吧。今年年底之前你应该就会找到那个新天地。"

　　刚好在龟冈的最初半年，我觉得异常空虚。我没有觉得大本的艺术活动有什么好玩，也不想回四国祖谷。因为我觉得祖谷总有一天抵挡不住日本自然破坏的狂潮。但在京都逛寺院也逛腻了,所以每天都很闷。

在十二月的时候,我的一个朋友邀请我去看歌舞伎。虽然在小时候和大人去看过歌舞伎,但在我的记忆里,只有一个丑老太婆的形象,他们是歌舞伎扮演女人的"女形"[1]。所以,我并没有什么兴趣,但是因为是朋友邀约,一起去京都看看戏也无妨。

那场戏是京都的"颜见世"。我们没什么钱,于是买了最便宜的票,坐到南座离舞台最远、最靠近天花板的位置。我好久没有那么快乐了,声音、音乐、服装、动作,美不胜收。远远眺望,舞台仿佛是闪耀光芒的另一个世界。舞踊戏《藤娘》开始时,婆婆起舞的女形貌美如花,与我童年印象中的丑老太婆根本不一样。那位美人是经验老道的歌舞伎者中村雀右卫门[2]所扮。后来当我知道他已经将近60岁时,我真的不知道该说什么。

看完戏后,朋友带我去附近一间名为"开化"的吃茶店。吃茶店的老板问我:"颜见世好不好看?"我回答:"太好看了,雀右卫门都60岁了,居然还能演绎出那么美的世界,太棒了!"开化的老板听了后指指我旁边的人说:"他现在与雀右卫门约好要过去,你和他一起去吧!"等我回过神来,人已经进了南座的休息室,如果不是因为这样的机缘,根本不可能有机会与

---

[1] 女形,在日语中是男舞者模仿女人形态之意的简称。
[2] 中村雀右卫门,日本国宝级歌舞伎大师。

雀右卫门先生说上话。

雀右卫门先生和我们聊天时还带着妆，近身一看的确是有点岁数了，但顶多就是40岁。他的眼神流动迷人，令人印象深刻。跟在他身边的徒弟拿出一个小碟子来，雀右卫门先生就以柔软的手把化妆用的白粉及口红颜料在小碟子中拌成了女形特有而细腻的粉红色，拿起笔来蘸上颜料，在签名板上写下了一个"花"字。接着他卸掉假发，变成了一个短发男人，皮肤黝黑。这位男士以低沉的嗓音说了句"先走啦"，就穿着白西装、戴上墨镜潇洒地走出了休息室。

记得马塞尔·普鲁斯特的《追忆似水年华》里有这么一幕：普鲁斯特一直钟情于盖尔芒特公爵夫人，对她迷恋不已，无奈两人社会地位悬殊，根本无从亲近。有一天，普鲁斯特在巴黎歌剧院里痴痴遥望包厢里的盖尔芒特夫人，心想夫人与一众贵族朋友及名人与自己根本是完全不同世界的人，自己永远也没有机会接近。这时，夫人的眼神突然对上了他。夫人举起戴着白手套的手，挥手示意他到一楼的包厢去。于是通往龙宫的那扇神秘之门就此揭开，普鲁斯特走入了盖尔芒特夫人的世界。

对我来说，那扇神秘之门正是开化吃茶店。老板以前是歌舞伎女形，小巧的店内陈设了许多明治大正时期的戏剧界的相关物品。店家位于南座一带，所以很多歌舞伎者、日本舞踊及邦乐老师时常聚在店内。老板介绍我认识雀右卫门先生之后，也时常带我进出歌舞伎者的休息室。其中，河原崎国太郎先生因为与老板是从小认识的老朋友，对我很关照，为我解说了许多关于女形的艺术。

一直在南座观赏颜见世,隔年二月,我在东京新桥演舞场第一次见到了玉三郎的表演。那也是一场舞踊戏——《鹭娘》,相当于芭蕾舞里的《天鹅湖》,一个年轻女子在纷飞白雪中化为白鹭,以白鹭之姿舞蹈,在狂雪之下,心中情绪无限翻滚,结尾时,演员站在铺着红毯的坛上,表情既苦又怒地静止不动,摆出一个固定姿势。

这曲舞踊一开始闲静轻缓,身着白色和服的鹭娘头上掩着白布,迂缓地摆动着身子,就好像是一座白色的雕像,在缓缓移动。这时候的玉三郎尚未向观众展露脸庞,但舞台上仿佛已然掩上了静悄的雪夜。接着他掀开白布,冷如天女般沁白的脸庞散发出冷光,观众席忍不住传出"哇"的惊呼。观众从这一刻起被卷入了鹭娘的世界中,随着剧情铺陈,鹭娘的羽翼受伤,脸上掩不住悲凄愁苦,最后她一头漆黑长发凌乱,挥舞铁杖站上了红坛。那姿态展现了一种古时候巫女被神附身的气质,甚至令人隐然察觉到了"天在震怒"。在那惊人的美感下,我附近有观众忍不住落泪。

落幕后,热情的老板友人带我去玉三郎的休息室打招呼。那时候玉三郎27岁,和我差不多年纪,在出演鹭娘前去过欧洲一趟,似乎受到不小的文化震撼,很想找人聊聊这个话题。而我则在观赏他演出的那一刻就认定"这个人是个天才"。在我的心中,装满了关于日本戏艺的好奇,我迫切地希望有一个可以询问交流的对象。于是我们两个人一拍即合,越来越熟稔。

之后只要工作一有空当，我就上东京，去雀右卫门与玉三郎的乐屋玩。此外，玉三郎的母亲藤间勘紫惠女士也是很杰出的舞踊老师，常不吝让我参观他们练习，我也因此有很多机会了解这门艺术。

珍视"一瞬"的日本文化

我想自己会迷上歌舞伎应该有很多原因，当然最重要的原因是因为歌舞伎太美了，特别是经历了几百年淬炼演变的女形，真是美得无法形容。但那种美只存在于戏剧中，是虚幻的"谎言"。当贵妇人卸完妆后，你只会看到一个短发的男性路人。当然虚幻是所有戏剧中不可或缺的元素，可是歌舞伎从化妆、服饰到所谓的"形"这种肢体动作的展现方式，都实在太完善了，让它几乎要攫获全球最美戏剧的宝座。有一次，我帮玉三郎口译时，一个英国人问玉三郎为什么要走上歌舞伎者这条路，玉三郎说："因为我倾慕那种我伸手不可及的美。"没错，我也臣服在那"不可及"的虚幻之美之下。

我从小就很喜欢歌剧，歌舞伎应该可以算是日本的歌剧吧，不过它并不像歌剧只有歌声与音乐，还有芭蕾般的舞蹈与演戏。歌舞伎是一种统整性的戏剧。

我刚提到歌舞伎是一种虚幻世界。要在舞台上展现出这种绝美的虚幻，需要许多舞台技巧的辅助。日语里好像没有任何一个单字可以完整统括 stagecraft（舞台技巧）这个词的含义。

舞台技巧比较接近技术层面，而非戏曲本身的编写或表演者的演技。它包含了对于大小道具的掌握、空间的使用以及以固定姿势与表情来展现的"形/かた/kata"。比如以"形"当中的"见得/みえ/mié"来说，这种张开双臂、眼睛瞪成斗鸡眼的固定姿势，就是一种舞台技巧，而表现者在这种舞台技巧上再加上个人的诠释。歌舞伎也是通过这些舞台技巧，强调角色当下的人性情感及美感，增添舞台效果。

在诸多舞台技巧中，"花道/はなみち/hanamichi"是极为著名的一种。大家普遍认为花道可以拉近观众席与舞台的距离，但其实花道的效果不止如此。走上花道的演员在物理上已经脱离了主场舞台，因此他本身是孤独的，而在脱离了主场舞台上正在进行的内容后，这个角色才可以充分展现出属于自身的特质及更深层的人性。比如《熊谷镇屋》，表演的是歌舞伎里的永恒主题"人情道义"，在戏里，熊谷为了救平敦盛，亲手杀了自己儿子并假冒成平敦盛的首级。熊谷最后赢得了战争，但他毫不迟疑地落发出家，孤身一人走上了花道。由已故的第十七勘三郎所饰演的熊谷走上花道的身影之落寞悲凉，让观众感受到这不但是一部伦理剧，就某种层面上来说，同时也是一部反战剧。

歌舞伎中某些舞台技巧，甚至体现出我们人生中的荒谬。比方说"暗斗/たんまり/danmari"就是一种异想天开的设计。当"暗斗"场景出现时，所有重要角色一定全都站到黑暗的舞台上，作出极端缓慢的动作并无视彼此存在。有些人捡东西，有些人撞在了一块儿。为什么会设计出这样的场景呢？原因我并不清楚。我认为若依照一般戏剧逻辑，不太可能让所有重要角色全都出现在同一个场景里，但是"暗斗"这样的舞台技巧却让其得以实现。这样的呈现方式让观众可以一次纵观所有主角之间的复杂关联并掌握整部剧的概要。当观众看见舞台上的主角，在暗黑中以缓慢的动作不经意间拾起另一人掉落的物品；两个寻找对方的人擦身而过，逐渐远离，不禁觉得人生也是如此——彼此猜不透、看不清。幽暗的舞台，其实正是我们"幽暗的人生"，种种场面都可以在生活、工作中找到相应的场景。生意场上彼此各说各话，失去的东西被某个人拿在手里，与自己对话的人背后是否还有其他人的影子？如此种种不正是我们生活中的"暗斗"吗？

为什么日本的舞台技巧可以发展到这种程度呢？我不知道这么说会不会有一些过头，但日本确实是个重视外表甚于内涵的国家，而这也为现代日本带来许多不良影响。比如超市里美轮美奂，大小均一的蔬果摆放得整整齐齐，色泽像上了蜡一样的漂亮，但吃进嘴里却味道淡薄，一点也不好吃。看日本的国会开会，也知道这国家的"场面话"永远被摆在"真心话"之前。但重视外表并不见得就没有好处，如果不是在这样的背景下，歌舞伎又怎会发展出全世界其他戏剧无可匹敌的"舞台技巧"？

我从歌舞伎的舞台技巧中得到了许多感悟，最有意思的是歌舞伎中许多舞台技巧都是为了突显单一"瞬间"而发展出来。"见得"也是如此，或者说所有"形"都是如此。以歌舞伎里常见到的流程来说好了，两个正在讲话的人，忽然有一瞬间突然明白了对方心底的真正想法，这时候所有动作暂停，两人的姿势与眼神凝住不动（专业术语为"決まる/kimaru"），舞台角落身穿黑衣的黑子打响梆子，喊声"哎呀！/ばったり！/battari！"，接着一切又恢复原状，两人若无其事地继续对话，可是在刚刚那声"哎呀！"的瞬间，一切都已经回不去了。一般戏剧并不喜欢中断流程，可是歌舞伎却宁愿这么做，来突显这样的"一瞬"。

这种珍视"一瞬"的性格也可以从观众的喝彩方式中窥见一二。欣赏现代西洋戏剧或音乐演出时，观众一定是从一开始等到最后，第一乐章与第二乐章转换时全场安静，如果有人不小心发出声音或鼓掌，那实在是很低俗又丢脸的行为。可是歌舞伎却完全不同。观众在高潮出现时马上大喊演员的"屋号"，当场给予掌声；而戏剧结束时，观众也毫不眷恋，绝不喝彩，散场之后转头就走。

这种珍视"一瞬"的性格可以说是日本的文化特征。中国古诗中，总会先就花与山水感叹一番，然后幻想自己升入空中，腾云驾雾，乘龙飞扬，翱翔到昆仑之巅与仙人玩耍。但是日本俳句极短，无法从地面一直写到天上，只会捕捉眼前的一瞬。日本的青蛙会跳进古池里但不会飞天，只会"扑通一声响"。日本在俳句及短歌这类短诗领域中，创造出了极为动人的独特文学，也是因为如此，日本文学史中也缺失了长篇而体系磅礴的大作，只有像"连歌"这种将一首又一首的短诗连成长篇的做法。

以前我在房地产界工作时,也常见识到这种珍视"一瞬"的文化:在建造大楼时,有各种密密麻麻的建筑法规,但盖好的大楼无论整体设计或街景的和谐度上却都惨不忍睹,一点也不美。特别是日本铺设的马路,看得人怀疑道路规划人员是不是有很多连歌好手,不然怎么会"今年的预算就盖到这里,明年预算再拿去盖那里",完全没有对于几年或几十年后的规划,而是连歌式的走一步算一步。

歌舞伎里当然也有这种情形。整体脉络蒙眬不清,进行到这里时忽然又跳到了那里,令人捉不着头绪。如果以欣赏一般戏剧的态度来看待歌舞伎,可能会觉得歌舞伎的故事性很薄弱。我有一些特别重视理性逻辑的朋友就觉得歌舞伎让人失去耐性。但无可否认,歌舞伎正是借由这样强调一个又一个瞬间的手法,为观众带来其他戏剧所不及的、重视每一个当下的深刻感受。玉三郎就曾经说:"一般戏剧总是一段接着一段照逻辑演,但歌舞伎就是异想天开、出人意料,才会有趣又迷人。"

提起歌舞伎的舞台技巧,免不了让人联想到迅速换衣或飞天等场景,这些场景在歌舞伎里称为"外连/けれん/keren",具有马戏团般娱乐观众的效果。由于歌舞伎实在很无聊,我欣赏的舞台技巧是为了展现出"伸手不可及"的美感而存在的那些,如果要看飞天,我还不如去看真正的马戏团。

可以说,现在日本传统艺术就整体而言已经"生病"了,歌舞伎当然也不例外。但庆幸的是与已然病入膏肓的日本自然环境相比，传统艺术还算病征轻微。

让人越发紧张的玉三郎

开始接触歌舞伎后，我也开始接触日本舞踊及新派剧[1]，我渐渐发现英文中所谓的"Grand Kabuki"（大歌舞伎）其实只是整个歌舞伎体系中的一小部分，其他诸多相关艺术平时独立成了各种活跃的小团体，例如有舞踊会、笛会、长呗会、小呗会、三味线会等[2]。这些团体的聚会对各门艺术的指导者来说是磨炼技术及眼光的时机，因此聚会中往往展现出平时歌舞伎表演时无法呈现出来的高度创作性、感性和完成度。

但这些聚会却鲜为人知，就连住在日本、喜欢歌舞伎的外国人也不知道。"会"对外人来说是个陌生的世界。歌舞伎大厅虽然时有外国人出入，但至今为止我所参加过的舞踊会上却很少看见外国人的身影。

我觉得真可惜。毕竟从日本舞踊的种类之多和知晓它们的人数来看，这是个比歌舞伎广泛不知多少倍的天地。藤间流的古典歌舞伎舞踊、新舞踊、座敷舞[3]、京舞、演歌的舞踊等，光是日本舞踊就一辈子也看不完。

我从这些舞踊会中学到了许多，尤其是对日本音乐的了解。

---

[1] 日本的剧种之一，明治维新后由歌舞伎改良而成，剧中带有浓郁的悲剧色彩。
[2] 长呗，即三弦曲，长歌。小呗，短歌，小曲。两者都是江户时代流行歌曲。三味线，是日本传统乐器，与中国的三弦相近，是歌舞伎的主要伴奏乐器。
[3] 座敷舞，又称地呗舞，是一种由面具舞演变而来的舞种。

在参加舞踊会前我几乎没听过邦乐（日本传统音乐），邦乐已经完全从日本人的日常生活中消失了。平常喜欢听"长呗"与"清元"①的人很少，一般人则恐怕连"长呗"和"清元"的意思都搞不清楚。

曾经有位音乐家跟我说起："日本的传统音乐极其简单朴素，不像中国与印度在乐器及乐曲结构上发展得很复杂，基础扎实，所以现在仍然强大到能够与西洋音乐抗衡。日本传统音乐在乐器与乐曲组合上还停留在早期阶段，不过很强调节奏，发展出了一套独特而洗练的'留白'。但这种留白的表现力太纤细，无法与西洋音乐抗衡，因此现在几乎被西洋音乐给取代了。日本今天已经变成全球西洋古典音乐的天堂。除了偶尔还能听到的尺八②与和琴外，其他传统音乐完全被遗忘了。"

或许传统音乐的"曲子"真的被世人抛弃了，可是"节奏"本身则没有那位音乐家所想的那么悲观、脆弱。对日本舞踊来说不可或缺的那份"节奏"，今后也一定会继续流传下去。就以最近风靡日本的太鼓现象来看好了，日本人心里或许也向往着那份"节奏"，不是吗？我本身也对日本传统曲子没什么兴致，可是去欣赏歌舞伎或日本舞踊时，当那独特的韵律奏起，就觉得很安心。

在传统音乐已然从当前社会消失的情况下，日本传统音乐主要以作为舞踊的伴奏形式留存下来，而它们成了当前日本传

---

① 长呗、清元皆为三味线音乐。清元又称清元节，为以说话为主、三味线伴奏为辅的净琉璃音乐之一；长呗则偏重歌唱。
② 尺八，中国吴地与日本古乐器名，竹制，外切口，五孔，前四后一。

统音乐的依靠。

当初天使安排我与歌舞伎相遇时，不但让我遇见了"开化"吃茶店的老板和玉三郎，还遇见了另一个有缘人——包尔斯（Faubion Bowers）。包尔斯曾经是麦克阿瑟将军的副官，从战前来日本时就爱上了歌舞伎。在战后，麦克阿瑟将军初来日本的那一天，包尔斯比他早一步下飞机，面对众多前来迎接的记者问道："羽左卫门先生还活着吧？"现场紧张的气氛一下子舒缓了很多，而这一情节，之后也一度成为美谈。战后日本所有被认为属于"封建"的事物，都要先经过检阅核查，故事内容一天到晚围绕武士社会打转的歌舞伎自然就被禁止演出了，包尔斯于是拜托麦克阿瑟将军让他担任检阅官，重振了歌舞伎。包尔斯在战前就着迷于歌舞伎，因此他有自己的历史定位，与今天成为歌舞伎重要人物的梅幸和歌右卫门都从年轻时候就很熟络，所以，对歌舞伎也有与他人不一样的认知。

但是，包尔斯和我在年龄上还是存在一定的差距，因此我与他的意见总是相左。例如，我对《忠臣藏》之类的历史大戏根本没兴趣，这一类戏主要表现的是臣子对主上的忠心道义，着实无聊。可是包尔斯却认为那才是歌舞伎的精髓。至于我小时候看过的那种丑得不得了的老太婆，到了他眼里则成为真正的女形艺术，玉三郎与雀右卫门都太美了，对他来讲都是邪门歪道。而我才没兴趣买票去看包尔斯喜欢的那种戏呢，要看那么内敛的表演，去看能剧不就好了吗？

"老日本"（Old Japan Hand）这个词形容的是住在日本好

几十年或研究日本很久的外国人。老日本有种怪癖,对日本文化由衷热爱但是非常保守,对新事物十分抗拒。我住在日本这么久了,搞不好我也变成了一个老日本。哦不,我看我根本早就变成了一个老日本!

来说个我和玉三郎之间的老笑话。包尔斯在 30 岁的时候是个聪颖又热爱冒险的好青年,现在成了一个肥胖严肃的大学者。而包尔斯的老朋友歌右卫门那时候则是个风华绝代的年轻女形。我和玉三郎常彼此打趣对方:你年纪越来越大,该不会思想越来越保守了吧?我最近的确是稍微有"分量"了一点,也觉得歌舞伎的表演好像出现越来越大的偏差。玉三郎逐渐变得有名,连我看到他都开始紧张了,该不会我们也……

其实换个角度来看,歌舞伎爱好者的性格会渐趋保守也有一定的原因,因为歌舞伎本身就是日本传统文化的宝库,歌舞伎能将往昔日本的生活风貌保存得巨细靡遗,可以说是关于传统文化的"活的博物馆"。比如提灯的火该怎么点、书匣该怎么打开、头发怎么绑、书画怎么拿,各种小细节都有千百种迷人的做法,在歌舞伎中的和服样式、宅邸及店铺的形态、色彩感觉、手脚摆动的肢体仪态、生活方式、社会习俗等,都诠释了被西洋文化侵入之前的日本社会原有的风貌。因此歌舞伎的舞台其实是历史的明镜,欣赏歌舞伎的乐趣之一就在于了解过去的生活风貌。

我相信世界上没有其他艺术像歌舞伎这般能完整保存往日生活的形貌,尤其现在的日本已经不是原来的模样,相比之下,歌舞伎更显得怀旧了。现代人生活里当然不用书匣或发簪,街景与乡下景致变得丑陋,连歌舞伎背景中的山色水景在现代生活中也快没了踪影,可是只要一进入歌舞伎的世界里,遥远又美如幻梦的往昔生活还在那里面。

自我第一次见到雀右卫门,距今已经过了十几年,这期间我不知道进出了歌舞伎的后台休息室多少次,但现在我依然会紧张。虽然走入歌剧或芭蕾休息室时只是感受到属于"后台"有趣的一面以及古典艺术的严肃性,可是歌舞伎后台是完全封建的世界,总是令人认识到那里与自己平时的生活有多不同。有一次,我对玉三郎说每次走过那个门时总是很紧张,没想到玉三郎竟说他也是!

歌舞伎后台是那样不可思议,光聊后台就可以写成一本书了。有时我会怀疑自己是着迷于歌舞伎的舞台还是倾情于后台?作为"活的博物馆",除了在舞台上展现过去的生活形态之外,后台也隐藏了许多一辈子都在钻研传统艺术的人,比如负责服装的"衣装屋"、负责发型的"床山"和唱长呗的老师等,从他们的日常对话里都能得到无尽的宝藏。

没有真朋友的国家

不过歌舞伎后台最特别之处,并不在于其是传统文化知识的宝库,而在于那种台上的虚幻与现实生活之间的界限非常模糊。没有人会把歌剧的戏码带到台下来继续扮演,也没人会在后台唱着说话，歌手一脱下了戏服就只是个普通人。但歌舞伎的台上世界却被带到了台下。后台的服装通常以和服为主，而我们在台上看见的长幼尊卑，也原原本本地呈现在台下，有时甚至连"戏"本身都被延续至后台。譬如上演《忠臣藏》时，由于这部戏格调较高，演员与徒弟在后台的行为举止也会刻意有礼。比如描写女性之间故事的《镜山》，戏里担任女官的尾上被一个意图灭了她家的岩藤欺负，被欺负之后，尾上却沉默不语，独自一人走上了花道，边走边沉思。雀右卫门饰演这个角色时，连在花道的后台都独自坐着，不和任何人说话，在后台，他依旧沉浸在尾上这一角色里。几分钟后，尾上又重新沿着花道缓缓踱回舞台。后来我问雀右卫门，他说那是《镜山》的传统做法。如此一来，尾上重新回到舞台上时，仍旧得以保持刚刚在后台刻骨铭心的心境。

　　有一次，包尔斯跟我说了一些很有趣的话。他说歌舞伎者比任何戏剧的演员待在台上的时间更长，这确实是事实。首先，他们从很小的时候就要上台表演。在歌舞伎的惯例里，每个演员每天要表演两场，每个月从初一表演到二十五，下个月又是连演25天，因此，歌舞伎者几乎一直待在舞台上。所以，包尔斯说，歌舞伎者在这种情形下，越来越区分不清角色与自己之间的界限。

　　仔细一想，雀右卫门平时的肢体动作上，的确带着舞台上的神韵。饰演尾上的时候雀右卫门特别累，我问他为什么那么累呢，他说："因为尾上肩膀上的责任很重啊，我真的好担心阿初……"阿初是《镜山》里的一个角色，是尾上的婢侍，换句话说，雀右卫门连下戏的时候都还在惦记着阿初！

歌舞伎的主题也可以帮助我们了解许多日本的社会现象。在歌舞伎中有许多以主从关系或恋人间的情爱为主题的戏曲，可是却几乎没有任何一部在讨论"友情"。中国人自古便有珍视友情的文化，《论语》的开头篇章说"有朋自远方来，不亦说乎"，这句话就说明了中国人对友情的重视，更别提唐诗等作品中有成千上万的诗歌是在歌咏友谊。但日本却罕有这样的作品。我认为无论古今，日本社会里都很难结交真正的"朋友"。也许是因为日本人宁愿将心底真正的想法掩藏起来，而不愿勇敢地说出来，所以，自己也总是对他人带着一丝怀疑，这样很难结交到推心置腹的朋友。又或者是严谨的尊卑秩序阻碍了友谊的进展。我想这个问题应该交由社会学家来解决，日本这个不太有"友情"文化的现象，是我在欣赏歌舞伎时发现的。

奇妙的是，我却在不以"友谊"为主题的歌舞伎世界中，找到了我最亲近的朋友，包括玉三郎在内，我还结交了好几个知心好友。为什么在歌舞伎的世界中能交到好朋友呢？我自己也不明白。那个既虚幻又现实的世界既是日本又不是日本，不，或许它正像我当初得到的预言那样，那个共同的世界不是地球，则是月亮，若不是月亮，则是一个"伸手不能及"的世界。因此，尽管走入休息室大门时我总是很紧张，尽管走入的是一个"幻界"，我却觉得好像回到了真正的家乡一样。因为那儿，有我的朋友。

不过，不管和歌舞伎者多熟、对歌舞伎懂得再多，在那份虚幻之美的面前，我依然感觉迷惑。有部戏叫做《人谷》，其中一场戏描述名为"三千岁"的美人与情郎久别重逢，她的情郎坐在屋内，后面的纸门突然拉开，三千岁飞奔进去。玉三郎有一次饰演三千岁，上舞台之前我们一伙人还坐在后台的纸门附近闲话家常。那时的玉三郎不过是个平凡男子，一点也不女性化，但该轮到他上场时，他面带笑容站起来说："轮到我了。"接着只见他走到纸门后，唰的一声，一把拉开纸门，瞬间变成了浮世绘里的那种千古美女。玉三郎呐喊道："好想你、好想你、我好想你！啊——啊！"那种清凉的女高音，紧紧地抓住了观众的心。一扇纸门的距离，后面是虚幻的梦境，而这便是歌舞伎。

第四章

美术收藏

被"抛弃"的日本美术

1979年夏,我得到了一幅19世纪的绝佳画轴,上头绘有歌舞伎戏码《忠臣藏》从序曲到第十一段的内容,高达1.2米,令人啧啧称奇。后来我查询了一下,日本的美术馆好像没有这样的藏品,也许我手中的这幅就是日本唯一一幅忠臣藏画轴。只是我那时候太年轻,在独自欣赏了这幅"独一无二"的作品一段时间之后,我就得把它卖出去了。

最开始,我向我的歌舞伎界的朋友咨询了一下,希望获得一些意见。大家都觉得不行,他们已经每天都得面对歌舞伎了,再把那样的东西摆在身边,总是生活在歌舞伎的世界里,岂不是没有一点喘息的空间?这也有一定的道理。然后我又跑去松竹株式会社咨询了一下,但是,他们并没有什么兴趣。

我心想,日本的外商公司都把日本古美术品展示在公司大厅,也许真的有企业会这样做?我稍微观察了一下,发现日商挂的几乎全是西洋印象派画作，于是我以为日本的公司大概对日本老画作并没有什么兴趣。

后来，我又尝试联系了日本的美术馆，可是身边老经验的京都古美术品商全都劝我打消这个念头，他们说若是没有体面的人引荐，日本的美术馆不可能答应接见一个年轻的外国人。

这时候，我有了一个主意。在我东京的公寓附近正好就是泉岳寺，那是与四十七义士很有渊源的寺院①，应该不需要引荐就愿意见我吧。于是，我立刻打电话过去，没想到接起电话的人以非常困惑的声音回答："我们并没有提供鉴定美术品的服务！"我就这么被拒绝了。两三个月后，有一个美国朋友以破天荒的低价50万日元买走了那幅画轴，然后离开了日本。

很多人误以为，日本文化财产是在明治时代的费诺罗萨②时期或第二次世界大战后才开始流往海外，其实文化财产从以前到现在几乎都是"交给"海外的。我不知道"交给"是不是个妥当的词，但从我的《忠臣藏》画轴也可以看出，日本古美术品在日本无疑是种多余的存在，是被"抛弃"后才流向海外。

说老实话，我倒是从中获得了不少好处。如果不这样做，我一个贫穷的读书人，在20世纪的七八十年代，怎么可能在遍地是黄金的日本搜罗了那么多好作品？我花费很少的钱搜寻到了很多东西，但是那些东西的真正价值可能有好几千万甚至几亿日元。

---

① 泉岳寺正是四十七义士的长眠处。
② 费诺罗萨（Ernest F.Fenollosa，1853—1908），美国诗人，文艺理论家，东亚艺术史专家。

遇见"秘密花园"

  在小时候,我对东方艺术的喜爱便已萌芽,家里摆放着中式家具和日本陶器,自小我对这些东西就很熟悉。它们都是我父亲与爷爷去日本旅行时带回来的,虽然不是什么厉害的艺术品,但家里墙上挂着华美的画轴,晚餐聚会时,便把伊万里餐具摆上桌,生活中随处可见东方艺术。

  1964年,我们举家搬到了日本,刚到横滨安定下来后不久,某天我母亲牵着12岁的我去元町,和现在满是舶来品与名牌店的景象不同,那里当时有很多有意思的小店,是条平民商业街。

  我们走进其中一家卖陶器的小铺,我母亲用生涩的日语单词说:"请问有没有伊万里烧?"那只不过是一家寻常市井里的小店,怎么可能会有呢?所以,店家一开始也愣住了,后来老板忽然想起什么,从后面拿出一个木箱,打开来说:"这是从战前就有的,一直卖不掉,摆到了今天……"一看,箱子里是个伊万里盘,都还用粗绳绑得好好的,似乎已经被人遗忘了80年之久。80年后,终于有人解开了盘上的粗绳。当我摸到那个盘子时,心中涌现一股非常神秘的感受,就好像终于打开封存了3000年之久的埃及法老王图坦卡蒙的古墓那样。现在我都还清楚地记得那盘子与粗绳的模样。

  在那之后,我母亲开始出入横滨的古董店及东京美术界,两年后,我们要搬回美国时,行李中多了好多屏风、漆器与衣物箱等。

我自己开始买古董是在留学庆应大学时。由于我很喜欢旧书，常跑去神田逛。某天，我在路上看见有店家摆出了和装本的旧书，每本 100 日元。虽然我在大学里专攻日本研究，但在那一天之前，我从没看过真正用雕版印刷做成的和装本。好奇心驱使下，我拿起了一本群青色封面的旧书，打开扉页，是儒家四书之一的《大学》，上头印着享保年间（1716—1735 年）出版的字样。没想到居然遇见了 18 世纪的旧书，我很惊讶，书中用小刀刻板印成的模板字非常古朴，字体极大，每张纸只印一句话就满了，所以读起来很舒服。当时打开的那一页上有这么一句："欲治其国者，先齐其家；欲齐其家者，先修其身；欲修其身者，先正其心。"这一句话深深印在我的脑海里，让我这个对中国古典文学没什么研究的学生都觉得很有趣，于是那本价值百元的《大学》就成了我认识汉语的起源。

从那之后，我开始努力搜集和装本，一开始从《论语》《易经》《庄子》等中国古典文学搜集起，接着一颗心慢慢转向了更有日本味道的书。和中国文学书上印着的刚硬的楷书不一样，日本文学书里几乎都是草书，字体风格多元，装帧也比较华丽明亮。慢慢地，我发现日本书道从根底上就和中国书法不同，对日本书道的兴致也越来越勃发。

紧接着书籍与书道作品，我开始搜集色纸及短册[①]。最近已经愈来愈罕见，不过直到不久前，在京都还常买到室町、江

[①] 色纸为方形较厚的和纸，短册则为裁成细长状的和纸片，均为书写书法、和歌、俳句时用的纸张。现代的色纸也会裱上硬板，作为签名板使用。

户时代的色纸，以及从画轴上切下来，用优雅字体写着诗歌或小说的短册，一片售价大约5000日元。我也是在好奇心驱使下开始搜集这类色纸作品，并从中学习到许多京都文化。

比如，我了解了"公家"这一概念。色纸或短册上时常出现"二条关白"或"乌丸中纳言"之类的名字，我却不清楚他们究竟是什么人；这些名字听起来像是京都哪个地方的地名。而我在美国或日本研究日本美术时很少看到关于"公家"的资料，一般学的都是平安时代藤原家的贵族文化，接着是镰仓时代的禅、室町时代的能与茶道、江户时代的庶民艺术，所以，我以为"公家"只出现在遥远的平安时代，不知他们与近代日本也有关系。

其实藤原家一直延续到了今日，在平安时代即将画下句点时，藤原家分出了许多分支，分别以在京都居所的地名取名为"二条家""冷泉家""今出川家"等。后来天下为镰仓武士所夺，公家面临失去收入的困境，只好转而从事教授诗歌与书道等行业，并创立许多所谓"流仪"的做法形式与流派，巩固自我专业独特性。

很多朋友应该都很熟悉这些历史背景，但我相信应该没有太多人知道，平安时代结束、进入江户时代后，公家文化再度在京都流行起来，掀起了一股热潮。冷泉家以定家流的歌道与书道、持明院家以皇室独传的书流、飞鸟井家以和歌、鹫尾家以神乐等各自的独门流派教授专有艺术，为京都带来了无比深远的影响。譬如在桂离宫的茶室建筑、色纸短册的写法、祭典形式、煎茶道具等方面都有它们的痕迹。

很多来京都玩的人——特别是外国人，对禅与茶道都很有兴趣。可是除了禅与茶道，京都更是一块由公家细腻非凡的感性所打造出来的文化宝地。虽然明治时代后，公家宅邸从京都消失，公家文化也不是一般人观光的对象，因此极少出现在大众面前，但浪漫与纤细的公家气息却存活在和歌与香道等艺术文化中，于我心底永生。这可以说是一个很难得见到的"神秘花园"，如果不是在偶然间买下那张 5000 日元的色纸，恐怕我一辈子也没机会见识到这神秘的天地。

成为艺术品商人

在京都住得越久，我的藏品也越来越多，从和装本到色纸，从色纸到挂轴、屏风，到陶器、家具甚至佛像等，收藏范围开始从日本扩大到中国和东南亚各地。可是屏风或佛像这类古玩并不是几百日元就能入手，于是随着收藏的物件也越来越昂贵，我必须把手边的旧藏品卖出以换得资金。我开始向朋友或买或卖，不知不觉就走上了艺术品交易的这条路。

现在我还记得很清楚，自己从一个美术品藏家变成艺术品商人的那天。1984 年秋，我正式成立了自己的公司（有限会社）。请注册会计师帮我处理完公司登记手续后，我带着登记誊本回家，把心爱的藏品通通摆在同一个房间，并对自己发了一个誓："今后无论是自己多心爱的收藏，只要买家开口，一定要卖。"

就这样，我的商人生涯就此开始，京都的艺术品拍卖场成了我常去的场所，这些场合在京都称为"会"，它们是个非常封闭的世界，业外的人一般不能进入。京都的拍卖会不像佳士得或苏富比拍卖会一样会先印制目录、进行预展，在那里，没有什么时间预先让人们评估一下艺术品。

在京都的"会"上，主持人会在长桌上摆开挂轴，完全没说艺术家是谁就开始竞价。买方必须在一瞬间判断墨印和落款的真假、审视纸质与油墨的状态后出价。所以，只有眼光极其精准的人才敢出手。最开始接触时，我连天南地北都弄不清楚，心中不免沮丧。幸好某间裱装店的老板日下先生出手相救。日下先生是位80多岁的老先生，参加这样的"会"已经持续了六十几年。我有时会请他帮忙裱装屏风等古物，在这样的缘分下，日下先生开始带着我进出京都这些场合。由于职业关系，日下先生看纸墨的眼光很准，他会不时地建议我，比如他会说："这幅虽然没有落款，但那个印一看就是狩野派①，应该还不错。"或是："这字虽然不错，但纸质那么差，很可疑，我看你还是放弃吧。"日下先生成了我的老师，而京都的"会"则成为我的研究所，教给我的知识，即使在学校里学习个几十年都学不到。

我认为艺术品商人的眼光绝对比美术馆馆长好。因为美术馆的馆长会依据带艺术品前来之人的身份和摆放艺术品的箱子

---

① 狩野派，日本著名的一个宗族画派，其画风是在15世纪到19世纪之间发展起来的，长达七代，历时两百余年。作风粗犷是其主要特征，公认的首倡者是狩野正信（1434—1530）。

上的箱书①来判断一件艺术品的价值。但艺术品商人在"会"上看到的书画既没有主人的身份可以参考，也没有箱书提供线索，这种情况下，他们必须用严格的眼光来审视艺术品。美术馆馆长购买藏品时，通常使用的是公款，而艺术品商人是用自己的钱来做赌注，若是判断错误就得蒙受巨额损失，就凭这一点，艺术品商人就必须拼命去探知许多连美术馆馆长也不知道的事，因此艺术品商人必须练就好眼光。

京都的"会"里有个很不可思议的现象，那就是老东西往往比新东西更便宜，便宜到让人惊讶的程度。在日本，受欢迎的是夸张的新画，接着差不多就是与家元制度有渊源的各种茶道用具，而室町或江户时期的水墨画，以及江户文人的墨迹等，全都以极其低廉的价格开始竞标。

当然有些东西虽然便宜，也要好几十万、几百万日元，可是若以作品的年代及艺术水平来考量，那还是便宜得不得了，也因此我才得以在十年内买了一百多件挂轴、一百多件屏风、几百张拓本、几百张水墨画、几百张色纸以及几十件中国明清时代的家具。

让我来举个常在"会"上看到的场景。假设桌上摆了件精彩的江户狩野派屏风上取下来的水墨作品，竞标肯定不会很热烈，落价也顶多在50万到100多万日元之间。卖家不是外国人就是以外国人为对象的艺术品商人。但是如果桌上摆出的是一

---

① 收放书画或陶瓷器的箱子上由创作者本人或鉴定家所写的关于作品由来、品名、签名、盖印的文书。

件最近刚完成的新画,色彩艳丽且艺术性低,只能算是某种装饰品,周围的人却十分热情,情绪激昂,他们惊叹道:"哇,这蓝色真亮,精彩精彩!"出价的人十分踊跃,竞价激烈,最后那幅画以 1000 万日元落标。老实说,这个时候,我的心里已经乐开了花,不住祈祷:"拜托呀,日本人一定要永远这样下去!"

任性的藏家

　　古董分成两种,一种是已经在艺术品市场上流通很久,状态好,作者与年代背景也已经十分清晰的作品;另一种是在京都拍卖会上被称为所谓"初"的作品,即首次出现在艺术品市场的东西。一两百年以来一直沉睡在某户人家仓库里,首次出现在拍卖会上时,这些东西是真的从"历史的彼方"迢迢而来。京都的"会"上有时会出现刚从仓库挖出来的屏风,由于霉气与湿气的关系,屏风的扇面黏在了一起不容易打开。当这样的屏风终于被开启时,我总不禁怀疑:"该不会是这一两百年以来,第一次有人看见上头的画吧?"这个时候,小时候在元町打开伊万里烧上头粗绳的记忆,总会在我脑中苏醒。

　　对藏家来讲,"初"无疑是最冒险的投资,因此京都的"会"上才有一股佳士得和苏富比拍卖会所没有的紧张刺激。

　　而藏家也有不同种类。有一种是"集邮型藏家",这类藏家会搜集很多类似的小件艺术品，包含古钱、刀锷[1]、根付[2]、版画等，这些都属于"集邮型收藏"。

另一种则是"向日葵藏家"，我想这是日本的藏家。大多数这一类的藏家总是在明显之处摆放名家的作品，以此来展现自己的社会地位。

而我两种倾向都有，比如说我所收集的色纸与短册都属于"集邮型收藏"。当初搜集色纸时，我想尽办法要把冷泉家从室町时代到明治时代的每一代当家主人的色纸弄到手，把它们集成一大套。同时，类似芭蕉或大雅这类大家的作品，我也想摆在身边。

不过对我来讲，收藏的最大乐趣是在别的事情上，不是"集邮"也不是为了要当朵"向日葵"，而是为了"创造自己的天地"。说起来，有点类似"舞台道具人员"吧，把一堆大大小小的名人杰作或是一些稍微可以装点的物品搜罗起来，搭配出一个和谐的世界。

打个比方，如果墙上挂的是中国泰山石拓"德不孤"三个字的挂轴，那么底下就摆张明朝桌，桌上放一本《论语》，翻到写有"德不孤，必有邻"的那一页。书旁再摆件传说具有魔力的"如意"摆饰，有一种如临仙境的感觉。院子里的花摘来插在青瓷壶里，房里其他地方再摆些造型奇趣的"灵石"，或摆放上有江湖文人墨宝的扇子。这些屋内的物件之间彼此全都

---

[1] 刀身与刀柄之间的圆环装饰物，可以保护手拿刀柄时不会不小心碰到刀身。
[2] 古代男士将印笼、烟草袋等垂挂腰间时，绑在绳子上用来固定的装饰品。

有关联。

这种环境在美术馆是肯定看不到的。因为以"灵石"来说，那也不是什么了不得的藏品，"德不孤"那三个字，除了书法老师以外，恐怕也没什么人会感兴趣吧？可是将这些东西搜集起来、思考它们原本的意义与艺术性后合理搭配，便能重现出一个中国文人或京都公家的世界。

现代年轻人对过去的日本了解得不多，他们心底或许也不是完全没有憧憬，可是无论走到哪里，目光总是集中在荧光灯与混凝土上。

在日本，在这个充满商业气息的社会里，保留着古典文化之美的老屋已经很少很少了。而像我和大卫·奇德这样的外国人家里，古典文化反而留存得很好。每当年轻的学生来我家玩，看到那些古董时都被深深地感动，我觉得十分满足，我好像终于找到了一个作为艺术品藏家的意义。

20世纪后半期，艺术品藏家的世界面临巨大改变，全世界有一个共同趋势，拥有藏品的不再是个人，而是公家单位。至今为止，我手上的藏品都是随着时代发展，从某一个人的手上传到另一个人的手上。在我之前的藏家肯定也和我一样，享受藏品的乐趣，拥有一颗"修业"之心，从对藏品日复一日的观察中，渐渐察觉出艺术品中隐藏的真正含义，思量着对美的看法和人生的态度。

可是现在古董已经越来越难入手，我死后，我收藏的艺术品恐怕会流落到美术馆吧。在以后，如果没有拥有很多的财产，恐怕很难再拥有与我现在相同的收藏。这样看来，像我这样的生活状态，恐怕也意味着某个时代的终结。

近年来，在日本，古董越来越罕见。第二次世界大战之后，日本几乎是全面性地摧毁各地库房，从中清理出来的"初"则像涌泉般流入了京都的"会"。经过50年之后，现在可以摧毁的库房少了，"初"也不容易出现在京都的"会"上。特别是屏风，无论是质量上还是数量上，都大大地衰落并减少了，而水墨画过个几年的光景也会在市场上消失，涌泉已经干涸了。

我能收集如此多的艺术藏品，真的是要感谢日本人对亚洲艺术品的漠不关心。如果日本人以后仍然是这种观念的话，那我的收藏品还会增加。尽管这种想法很自私，但我依然还是想要祈祷：这种状况就一直持续下去吧！

第五章

日本研究
与
中国研究

值得尊敬的日本学者百中无一

在耶鲁大学，我的中国历史教授莱特，如此开始他的演讲："纵观中国历史长河，我都不知道如何开始我的授课。应该从8世纪中国鼎盛时期的唐朝开始，还是从数千年前秦始皇焚书坑儒的行动开始？或者从两千年前，被尊称为'元圣'的政治家周公旦说起？不，这些都不是我要说的。"讲到这，他轻敲了一下讲台，留了一个意味深长的停顿，"我要从喜马拉雅山的起源说起。"

另一方面，我的日本文化教授罗伊·米勒，在课程开始的时候，他邀请学生参观他的家，吃寿司、欣赏日本舞蹈。这里就展现了日本研究与中国研究之间的不同：表面上看起来很相似，但是实际上它们有天壤之别。这两种文化，当深入了解之后，我有了十分有趣的发现，在学术研究领域，它们的显著差别无处不在。

虽然我的启蒙教育是以中文开始的，可是到了20世纪60年代中期，我在横滨度过了很快乐的两年。1966年，当我们回到美国，我依然听着在日本时录下来的广播中的民谣与长呗，每天吃带回来的日本泡面，欣赏着我的母亲收藏的日本艺术作品，我的一颗心从来没有离开过日本。

上了高中，慢慢清楚自己的志向后，我决定大学要专攻"日本研究"，当时有这门学科的大学非常少，耶鲁是其中之一，因此我以耶鲁为目标，1969年秋天进入耶鲁大学。

"日本研究"的第一步是语言学习。不像如今的市面上有那么多日语教科书，当时美国大学所使用的主要是一套名为 *Jordan* 的书，这套书是伊利诺·乔登（Eleanor Jorden）与滨子·卓别林（Hamako Chaplin）两人为了美国外交官的语言教育所共同编纂的。这套书从语言学上分析日语，分阶段渗入，是套很杰出的语言教科书，在美国被誉为"日语之母"。

Jordan 这套书采用不断重复日语会话的形式来教授日语，重复的频率比一般语言教科书多很多。我毕竟曾在日本住过，会说一些日语，所以觉得这种教法很无聊，于是我跑去找当时任教耶鲁的卓别林教授商量，告诉我会说日语，结果教授说："你的确是会说，可是你的日语是典型接受国际学校教育的日语，只像小孩子那样说话，如果不改掉你的说话习惯，以后没办法与日本人沟通，所以从头学起吧。"

我虽然很不甘心，可是也没办法，从那天之后我每天都去上初级日语课，确实很无聊。但我也因此学会了基本语法与一些常用的敬语等。

现在有更多的外国人住在日本，常有机会在生意场合或电视上听到外国人说话，似乎有些人以为，满嘴流行话或媚俗字眼才叫做说得一口好日语。但那种讲话方式太低俗，尽管日本人会觉得很有趣，可是他们却打从心底瞧不起你，所以看见别人那样说话的时候，我都由衷感谢卓别林教授。

耶鲁大学的日本学系非常杰出，但授课内容几乎全是针对研究所学生而设计，当时大家还没有开始"疯日本"，所以很少有大学生选读"日本研究"；然而今天，耶鲁大学每年都有几十名以"日本研究"为主修的学生，全美提供日本学系的大学便从当初的二十所，暴增至如今的一百多所。

我们在日本学系学习的内容包括文学、历史、艺术、社会与经济等常见范畴，但重点集中在经济与社会讨论上。研究日本经济当然很重要，但为什么要花那么多精力去探讨日本社会呢？我想有可能出于两个原因：第一，在外国人眼里，日本的确是个很独特的社会，而为了要了解日本文学与日本史，首先得了解这个社会体系的基本结构，所以才会有那么多针对外国人阐述日本究竟是什么样子的文章。这些文章出自外国人或日本人之手，解释"纵向社会""耽溺""木的文化""石的文化"等议题。当如此庞大的社会学文献摆在眼前，天平也就自然会往社会方面倾斜了。

另一个理由是即使在日本国内，也有无数探讨日本人的书籍，对将来得和日本人打交道的学生来讲，不读这些文献可能会在将来给自己惹上麻烦。

这些"日本人论"有一个明显特征,一般来讲论调非常积极正面,几乎全在宣扬日本与日本人有多么优秀。很多日本人在这些书籍的影响下,误信了一些无凭无据的论述,认为日语是全球最难、表现力最丰富的语言,日本的大自然之美则独占世界鳌头。

这些强调日本优异的"日本论"与"日本人论",迫使海外学者也不得不出来表明一些立场,其中傅高义(Ezra Vogel)所著《日本第一》(*Japan as number one*)无疑成为大众对这种日本优异论点更加疯狂贪婪的诱饵;与此同时,曾任耶鲁大学语言学教授的罗伊·米勒(Roy Miller)则针对日本语言学论写了一本批判性书籍,于是前者被日本社会当成"亲日派"大受欢迎,后者则被当成"反日派"遭到孤立。

20世纪70年代初期,我还在上大学,这些讨论已经非常热烈,连喜欢日本的我在读了这些吹捧日本人的论调后,也不禁察觉将来会面对的难题;而我也发现,日本学者之所以讨论日本议题,无非就是要宣扬日本的杰出性。这种印象从学生时代便留在我心里,现在我对这样的态度仍然充满疑问。

牛津的文明刻度

在耶鲁大学里,有好几位非常受学生欢迎的老师。

这些老师有如传奇人物,吸引了许多其他系学生选修他们的课程。当时教授艺术历史学的史高丽（Vincent Scully）教授就给我们的时代带来了无比深远的影响。身为艺术专家，他也教导了我们许多人生道理，并且在他的牵线下，我们许多学生都缔结起深厚的友谊。日语系老师虽然个个杰出，但在系外就没有太响亮的名声。其中，教授中国研究的史景迁（Jonathan Spence）①风评极高，不逊于史高丽教授，于是我选修了他的现代中国历史课。上过他的课之后，我深深地被他吸引，确实值得一听，在他的分析下，我们了解到中国所存在的种种政治难题，也在他充满人性温暖的口吻中接触到中国历史。我选修的虽然是现代中国历史，但也深受中国伟大的文明吸引，心中便萌生出想要探索中国文化的兴致。

1972年秋，我到庆应大学交换留学一年。我在三田的国际中心学日语，同时也去旁听日本建筑等课程。很不可思议，我居然对庆应大学没什么特别印象，可能是因为日本大学课堂上的学生人数比较多吧，或者因为学生不像耶鲁大学那样要住校，所以彼此不太熟；也许当时国际中心的制度，让外国学生与本国学生产生了隔阂。总之，我在庆应大学没交到任何朋友。有时候我去学校餐厅吃饭，从来不会有人和我打招呼，上的课也很无聊，大半时间我都在睡觉，上了两个月后我就不去了。

不过我和在宿舍附近白金台地区的澡堂认识的人、在东京街头认识的人都越来越熟悉，多了很多有趣的经验。由于总是

---

① 史景迁，1936年生于英国，是一名蜚声国际的汉学家，也是一名学术畅销书的写作高手，主要作品有《康熙：重构一位中国皇帝的内心世界》等。

去祖谷玩，我去学校的时间越来越少。1972年至1973年，对我来讲是十分精彩的一年，我从东京街头与四国祖谷的生活中学会很多事，只是都与庆应大学没有关系。现在我履历表的学历栏里虽然写着"留学庆应大学一年"，可是我对那里却没有什么印象。

留学结束后，我回到耶鲁大学升上四年级，选择以"祖谷"为毕业论文题目。但同时我对中国逐渐产生了浓厚的兴趣，开始计划毕业后去中国大陆或台湾省学习。我也不知道走了什么运，居然申请到了罗德奖学金（Rhodes Scholarships），但如果接受了这笔奖学金的话，我就得去英国牛津大学，而英国和我所向往的地方是相反的。可是罗德奖学金历史悠久且名望深厚，实在没有理由拒绝，1974年的秋天，我出发前往英国。

出发前，我以为牛津大学应该和耶鲁大学差不多，因为耶鲁在很多地方都以牛津为范本，没想到到了那里后我才发现它们之间的天差地别。读者应该都知道，牛津大学是个由许多学院组成的学校，每间学院的成立年代、规模与学生的社会背景均不同。我就读的贝利奥尔学院（Balliol College）成立于12世纪后期，那时候日本处于平安时代。

抵达贝利奥尔学院那天，立刻有人带我去宿舍。去过宿舍后，就去参加一个古老的"握手"（Handshaking）仪式，与学院院长见面。但是握手仪式并不是真的要学生和院长握手。他们让我穿上古怪的中世纪学生服，带着我到一个大厅，厅内的橡木墙壁上挂满了几百年前到现在历任院长与贵族的肖像画。

院长与其他三名教师坐在大厅深远处,当我走进去时,他们对我视而不见,自顾自地聊着天。

"下一个是谁?"

"科尔先生,美国人。"

"噢,他想来这里学什么?"

"中国研究。"

"中国研究?这么经典,不就像研究拉丁文一样?"

院长总算转向我,说道:"这位先生,你想来这里研究中国经典吗?经典可是很难的,别太小看它。好吧,你可以走了。请下一位进来。"

走出大厅后我已经火冒三丈了,忍不住想:"什么殖民地来的?我们美国都已经独立两百多年了,他到底在讲什么呀!而且为什么拿拉丁文那种已衰落的语言与中国研究相提并论!"

当晚,我在贝利奥尔的大餐厅里喝啤酒,想起白天发生的事时,我忽然注意到啤酒杯上刻着杯子被赠给大学的纪念日。一看,不是1572年嘛!居然把一个啤酒杯从1572年一直用到现在,换句话说,在牛津,文明的刻度是以世纪为单位来计算的,而不是以年,难怪他们会觉得美国是殖民地也不过是昨天的事了。牛津果非耶鲁。

文明的刻度实在是一种很有意思的想法。在日本,第二次世界大战前的几十年历史在教科书上都被人为抹去,所以日本大学的文明大约只有40年,而战后日语的用法也发生了很大变化,一般人已经看不太懂战前的日语;至于美国的文明,我想顶多只有 80 年；而牛津的文明河流，却从古老时代一直滔滔不绝流至今日，我也因此对日本的看法有了一个很大的转变。以在日本常见的场景为例，当拿出一个室町时代的老茶碗之类的东西，每个人都变得很慎重。在美国，这样的古董很少见，所以当美国人看见这样的物品时，总是啧啧称奇，非常仰慕。我亲眼见识到在牛津大学里，古董可以说是俯拾可见，而且在现代生活里，依旧可以继续使用。所以一个室町时代的茶碗已经没办法再让我惊讶了，毕竟我们学校里连大餐厅的啤酒杯都是平安时代的！真正重要的应该是今日我们如何使用这些老茶碗或啤酒杯。

中国研究的轻快一面

说到我最重要的中国研究，牛津在这方面的确非常古典，像在传授一门已遗失的文化一样。中国研究附属的东方学院里，我们隔壁教室上的是古埃及语与迦勒底语[①]，而在牛津这样古典的教法下，我几乎没学会任何中文日常会话却能轻松读懂孔孟。这与我的兴趣相符，所以我学得很开心，可是我不认为一味教导经典是合适的。从做学问上来看，牛津已和耶鲁有了一定的差距。之所以会造成这种局面，我想问题出在英国人对"东方"的理解上。他们所认为的"东方"就是维也纳以东，也基于这种理解，古埃及语、阿拉伯语、日语、中文等，全都被漠

---

① Chaldean，属于两河流域闪语中的一支。

然地当成"东方学问"。

不过,尽管牛津在中国研究上采取非常古典的姿态,也无法避开现代中国不谈。我们在学校里也需要探讨中国政治。先前我提到在研究日本时,很多时候研究重点集中在经济与社会上,而相对的,研究中国则会碰到大量的政治问题,即使读古诗,我们也会发现中国一直被纷沓不断的政治议题所干扰,宋朝的农业制度就带来了两百年之久的政治分歧,清代则面临应不应该让西方文明进入中国的大难题。

为何中国会一路遭受政治议题烦扰?我想这个问题即使没有一个正确结论,也有好几种可能性,其中一个原因必然与中国幅员之广脱不了干系。

总之,研究中国时绝不能见山不见林,被政治议题牵绊,这是了解中国这个国家时不可或忘的态度。尽管围绕着中国的政治议题纷多,却没有研究日本时一定会碰到的"日本人论"那样的书籍,心情上是比较轻松的,至少中国人不会一天到晚拼命以强势理论向外国人推销自己的长处。

从"中国"这个地名可以看出,古代中国自认为是全世界的中心,然而日本与之相较,却是一个不断汲取外国文化的国度,因此心底对自己的国家或许难掩一抹不安。加上日本社会里,人与人之间永远受到上下关系左右,这种情况渗入了民族性格,于是他们必须给国家也安排一个位置。这位置自然必须位于顶端,否则日本便深感忧虑。

虽然在学术研究方面牛津落后耶鲁,不过这是因为自古以来，大学最重要的目的并不在于治学，而在于人性教育的传统。所以学校有来自世界各地的师生，譬如我的板球好伙伴碧娜芝·布托（Benazir Bhutto）女士就来自巴基斯坦，而我的藏语教授迈克·阿里斯[①]的夫人昂山素季[②]则是缅甸人。像这样，牛津就是一个能让你遇见全世界的地方，而的确，在与人相处中，往往存在学不尽的宝藏。

在教学方法上，牛津也很重视相处机会，不会把几十个、几百个学生丢在一个大讲堂里，单方面听老师讲课。牛津设有导师制（Tutorial System），是一种让学生与老师一对一上课的教学方法。甚至在学校餐厅与交谊室里，你也常有机会与各种人共享惬意时光。

在与研究中国的人交流时，我对很多人都由衷敬佩，其中一位是哈罗德·艾克顿爵士（Sir Harold Acton）。他在日本并不知名，在战前他就住在北京，后来写作探讨美学，为牛津学生带来了长达两代的深远影响。哈罗德爵士出生在一个很独特的家庭，尽管是英国人，但两百多年前家族曾长期侍奉那不勒斯王国，因此他也是意大利的贵族。住在北京时，他曾经收藏明朝家具，后来日军入侵北京后，抢走了他所有的收藏，如今那些家具流落在世界各地的美术馆里。

现在他已经90多岁了，住在艾克顿家族位于翡冷翠的宫殿

[①] 迈克·阿里斯（Michael Aris，1946—1999年），研究不丹、西藏与喜马拉文化的西方权威学者。
[②] 昂山素季（Aung San Suu Kyi，1945—　），1991年诺贝尔和平奖得主，提倡非暴力民主运动，曾常年遭缅甸军政府软禁。

（文艺复兴时期建筑）中，虽然他曾经书写中国，但来拜访他的人并不是要来与他探讨中国，而是被他的为人吸引。哈罗德爵士就像是中国人口中的"文人"，不仅通达东西方的文化，更在漫漫的人生波涛中淬炼出非凡的精力与智慧。来访者在钦佩的同时，也从他身上找到正确的人生指向。

我还想再多介绍一位和我同岁的朋友，他是来自澳洲的罗德奖学金学生尼克·荷塞（Nick Jose）。文学才华耀眼的他专攻英文文学，目前已经出版了三本小说，被认为是澳洲最值得期待的年轻新锐作家之一。从牛津毕业后，他开始学中文，在北京的澳大利亚大使馆担任文化参事。在他的人格与艺术才华吸引下，1989年之前，他一直都是中国艺术家、诗人与音乐家圈子里的重要人物，带给大家许多灵感。他也和哈罗德爵士一样，都是大气非凡的人。

我在日本住了将近30年，钻研日本的专家里有不少学者都留下了非凡研究，我却没有在这些人里遇见过哈罗德爵士或尼克那样的人。

很多外国人研究日本，也有很多外国人住在京都学习传统文化与艺术，这些人几乎都有一个共同特点：他们已然成为日本传统文化的"信徒"，说话时不断搬弄"一期一会""幽玄"等字眼，简直像在喊口号一样，根本不能与人客观讨论。

为什么会有这种现象呢？我想要探讨这个议题，恐怕又要多出一本研讨日本社会的书了。我可以说的是，恐怕是因为日本社会习惯于将外国人分成"反日派"和"亲日派"，而这种区分方式让外国人在接触日本时好像在接触宗教一样，为了要融入日本只好改信宗教。就这层意义而言，日本学可以说是一种"日本教"。

但"日本教"也有一个不容贬抑的面向。尽管日本传统文化在现代化过程中产生了严重变化，但在现代生活中，仍然残留了许多传统文化的踪迹，没有那么容易连根拔除。这对外国人来讲无疑是一种巨大的魅力。尽管"幽玄"或"间"这一类词的意义在现代生活中已多少被扭曲，但至少它们还在！探讨的人并未以做学问的冰冷眼光看待，而是打从心底为它们倾倒。这种态度值得欢迎。当然京都有一些学习能或茶道、信了"日本教"的外国人，但那毕竟是少数人。而日本文化这种西方缺乏的涵养，便以现代进行式的方式传播到外国，而不只是被介绍在专业的学术刊物上。

而在中国，现在有许多人为了文化活动而竭尽心力，可是中国有许多传统文化已成为"过去式"，所以海外学者在看待道教等时，并不会把那当成是现存精神，而是已逝的遗物。这方面，我曾与牛津的教授有过一番争执。在我交给导师的作业中，包括一篇关于《易经》的文章，我先提及《易经》的历史背景及语言学上的特征，接着写道："然而《易经》最值得探讨的并非其历史背景，而是《易经》的占卜其实非常准确，也提供了许多人生思考的方向。"

接着期末握手会时，中国研究课的教授给了我一封信，里头训斥道："科尔先生的思考方式太过温情，是典型的美式思想，请多严谨治学。"

1976年,在牛津最后一年的夏天,我收到了来自日本的一封信。寄信者是住在日本的美籍艺术品交易商大卫·奇德(David Kidd),他是钻研中国艺术的专家,在我还在庆应大学时,他就对我很好,对我说过许多有关中国文化的事。信上说:京都附近的龟冈地区有个宗教团体"大本",预定于夏天举办"日本传统艺术学院课程",教授外国人茶道、能、武道等,希望我能参加课程,并协助口译。

我立刻回了信:"对您很抱歉,但我小时候住过日本,对茶道与能等传统文化有一点基本概念,曾经看过,所以不会回去参加日本传统艺术学院课程。"

没想到奇德先生马上打电话给我,说:"我已经帮你买好了日本来回的机票,你如果不回来参加,我们就一刀两断!"接着啪嚓就挂断了电话。

我吓了一跳,不懂为什么向来对中国比日本有兴趣的奇德先生会就此事这么坚持,于是那年夏天我回到日本,在龟冈上了一个月的茶道、能、武道、花道与书法等课程。

在龟冈的课对我来讲,可算是"第三次东方研究"。在那之前,尽管我一直从学术研究上了解中国与日本,但直到在这里上课后,我才首次用自己的身体去体验日本艺术。我一直认为我对茶道等有点基本了解,但其实当我去上了课之后才发现,原来自己什么都不懂!茶道的绸巾要怎么折、能的舞蹈里脚该怎么移动、武道的木剑要怎么拿等,全都难透了!同时,我也发现这些动作并不只是为了美观,背后隐藏着深奥的哲思。

比如说,我也在课程中首次学到了"序、破、急、残心"的道理,其实讲的就是"缓、快、急、收"的节奏。茶道中,用绸巾擦拭茶勺时首先要慢(序),接着擦拭到茶勺的中段之前要稍微加快一点(破),而后一路迅劲至勺尾(急),当绸巾离开勺尾的那一瞬间也要带着一分(残心),亦即"将刚才的过程收在心里,重新进入下一个序、破、急的节奏"。我原以为这是茶道特有的韵律,没想到学习能乐(仕舞)时,又在如何移动步伐中碰到它;武道、书道,任何道都讲究这"序、破、急、残心"。我很讶异地发现,这个道理通用于所有日本传统艺术,老师更进一步为我们解释:"序、破、急、残心,其实就是大自然的基本韵律。人的一生如此,历史、宇宙的盛衰均是如此。"

结果后来我就和奇德一样栽了进去。就某种层面上来说,我想"传统艺术"肯定是日本最重要的文化财产。佛阁寺院、绘画、雕塑、陶器或文学之类,其他国家也有,可是只有日本发展出如此细腻而洗练的传统艺术——从抹茶、煎茶到能、仕舞、武道(剑道、和气道等)、香道、书道、日本舞踊(歌舞伎舞踊、座敷舞等)、插花(立花、茶花、现代花、盆景等)、乐器(笛、琴、太鼓等)、俳句、连句、吟诗……种类多如繁星,数也数不完,甚至你会发现这些种类底下还分成了无数流派,光是想到日本传统艺术规模之大,就让人头晕了。

日后,这些课程的体验对我在欣赏歌舞伎与日本舞踊上,发挥了极大助益作用。尽管只有一个月的练习，并不能掌握茶道等艺术的精髓，可是我毕竟通过自己的身体去体验过"序、破、急"的节奏、摆出能剧里所谓"构"的姿势，因此连带地眼界也不同了。对日本传统艺术了解越深，在其中发现的隐藏着的各种哲理就越多，譬如，我刚刚提到的"序、破、急"、能剧的"构"姿也是一例。"构"是种定住的姿态，当摆出"构"姿时，尽管身体不动，可是整个力道十分强劲！依老师的说法，"构"是种"静中动"的呈现，让动静两极达成平衡。

日本与中国十分不同，中国有以孔孟为首的众多哲学派别与文人，把其中出众的思想化为精彩文章流传后世。可是当我们审视日本的历史，却找不到任何一个哲学家或比较有系统的思想，讲得夸张一点，日本是个没有思想的国度。因此，奇德与我在遇见"大本"前，一直更推崇中国文化。

可是日本虽然没有将文化精华化为文字典籍，但在我们眼睛看不见的地方，日本的"思想"确实存在。它生息于传统艺术中。因此，日本虽然没有孔孟、朱熹，却有定家、世阿弥与利休，这些人才是日本真正的哲学家。

参加完第一段课程，我便在翌年（1977年）去大本的国际部上班，一直协助课程运作直至1997年。日本传统艺术教会我很多东西，而我也从指导国际学生的过程中体验到了不少道理。例如，大本的课程里有陶艺课，让上茶道课的学生可以亲手制作自己的茶碗和点心盘，而每年在陶艺教室都能看到一些滑稽的光景。

茶碗这种物件，无论如何都是一种极端平凡的器物。鉴于用途有限，它在高度、形状与厚度上都有个基本样式，因此茶碗就只是个茶碗，是用来喝茶的碗而已。在我的想法里，茶人论评茶碗的风格形式如何如何，已经脱离了侘寂茶的本质。侘寂，不正是能满足于平凡素简之物吗？所以，利休才委请陶匠烧制不起眼的乐茶碗。

暂且不说对茶道的诠释，来自其他国家的学生（主要来自美国）却不肯安于塑造一只平凡不起眼的茶碗，他们想要表现出自我，把茶碗捏成方形，或在碗外弄条蛇或龙，或把茶碗缘切得像尖牙一样锐利，结果做出了一堆惨不忍睹的怪物来。但日本学生就会认真严格地按照指示做，做出一个平凡的茶碗，而这些茶碗也在平凡中各见朴意。

思考后我发现，日本教育方式的目的就是塑造平凡人，什么事情都只要照着指令做好就好，所以，日本人很安于"平凡"与"无聊"，认为"平凡"和"无聊"就是人生的常态。无疑地，这对日本社会是一大弊病。

但同时，我也从陶艺教室中看出了美国教育的缺失。美国人永远都被要求要有"创意"，要有"个性"，做一个独一无二的自己。因此，不管做什么都拼了老命想表现自己，结果这种教育阻碍了他们理性地思考，连在课堂上做一个简单茶碗都把他们累得半死。

有时候我会想，要求"人要活得有趣"的美式教育或许比较残酷，因为真实的人生多半处于平凡之中，大多让人觉得无聊至极，所以人注定要失望。可是日本人一直被教育得对平凡生活从不反抗，也许他们其实比较幸福。

  一个简单的陶艺教室都能给我带来这么多启发，更遑论其他茶道与能剧的正式练习，让我得到了多少对文化省思的机会。我想，"序、破、急"或"静中动"这类思想，是没办法用语言来阐述的，光说"序、破、急"，听的人也只会一头雾水，觉得"就这样？"。日本思想必须用身体去体会才能懂得，因此，日本的哲学永远伴随着神秘，传统艺术永远迷离。

第六章

戏墨

安迪·沃霍尔[1]

着手开始写这本书时，我向一个朋友请教，希望获得相关的意见。他说道："祖谷的茅屋顶和歌舞伎这些题目都很吸引人，但是书法，可能有兴趣的人不会很多。"

的确，书法在当代已经成了一门很专业的学问，但日本人的生活里其实每一天都被"字"的艺术所缠绕。从写信、市街上的招牌到书籍与杂志的广告，"字"就如同空气一般，在生活中无所不在，以至大家都忽略了。但这样的"字"却引我入迷，所以，我打算来写"字"。

之前有提到过，小时候我在华盛顿上过一所比较特别的小学，故而我从小学起便开始学习中文。我们从"你""我""他"等基本单字的写法学起。一开始，教的是"我"这个字的书写

---

[1] 安迪·沃霍尔（Andy Warhol, 1928—1987），美国艺术家，20世纪艺术界最有名的人物之一。

顺序。对一个小孩子来讲,那笔画实在太奇特了,尤其是"戈"的部分。首先从左往右横着写上一笔,老师教我们说右上角那个"、"先不要写,它要留到最后。我们先斜着从上往下写一撇,到底的时候回笔一收,感觉真是畅快,接着由右而左写下一撇"丿",最后跳回去上头抛下一点"、"。由左而右、由右而左、由下到上,手就像在跳舞一样。为了习字,我们每个字都得写上数百次,每一次都很开心。现在每当我写到"国""我""钱"这一类字时,小时候的那份喜悦就又回来了。

12岁时,我们举家搬往日本。出发之前,我们进行了一次横跨美洲之旅,中途经过拉斯维加斯,满城耀眼的霓虹让我目瞪口呆,可是老爸说:"银座的夜景比这还厉害!"事实也确实如此,别说银座,就连横滨市街上也到处都是气派的招牌,走到哪儿都看得见汉字、平假名、片假名……于是"字"就在我心里留下了豪华又混乱的印象。常有日本朋友问我:"你是被日本哪一点吸引而来?"我想说:"银座的招牌。"

那时候,我真的非常认真地学写汉字。我家里有一个60岁的保姆,名为阿鹤,时常陪我看电视、对着相扑力士的名字认字。那些名字除了"高""山"一类常见字眼,也有比较少见的,如大鹏的"鹏"。所以,当时我学的字非常偏,不过也因此看得懂街上的招牌。

我所上的学校是横滨的圣若瑟国际学校(Saint Joseph International School),那时候学校里大约有三分之一的学生是日本人,三分之一是来自唐人街的华人,剩下的则是住在横滨的西方人。我和其中一位姓"方"的华人学生成了朋友，他只有12岁，很擅长写字和画画，现在我还留着当时他画给我的一张竹子。画中的竹叶轻如薄羽，意韵精炼，一点也不像小孩子的作品。方君成了我的老师，开始教我怎么写字与其他技巧。

虽然得到了方君的教授，我的技术还是很差。于是，我特地到伊势佐木町买了一本书法入门书，阿鹤看了非常开心，特地买了一套书法用具送给我。漆盒里有笔、墨与砚台。后来我们要搬回美国时，阿鹤又送了我一个砚滴。在战争之前，阿鹤家里也是富贵人家，可惜空袭时没躲过一劫，大火中什么也来不及抢救，就带了这么一个小小的砚滴出来。所以，现在这砚滴是我文房四宝中的第一宝，只有在特别的时候才会使用。

方君是我的第一个老师，也是最后一个。我这个人的性格不太适合有师傅教导，但是，我还是很愿意听取朋友的意见的。所以，每当我练习书法时，我一定找朋友来，听听他们的意见，一起写写字。除了方君的教导之外，这条路上我一路看着字帖（如《千字文》）和书法收藏（色纸及卷轴）临摹摸索，所以我的字完全自成一家。

虽然我一直很喜欢练字，但直到在牛津大学留学时，一个偶然的机会才真正开启了我踏向"专业"的大门。某一年春假，我去米兰找朋友罗伯托玩，当时才22岁的他已经是个活跃的艺术品经理人，他给我看了安迪·沃霍尔的画，我心想："这种东西我也会呀！"于是当晚和他喝酒时，我就拿起草图本乱写了二十张"书法"。回到牛津后，我立刻跑去买了各种颜色的纸写起大大的字。我也想像沃霍尔那样带给人冲击，所以当时的字写得很夸张。

某天，一位姓刘的香港朋友用5英镑跟我买了张字，上面写的是"桃"字，那个字看上去像个人的屁股。他称赞道这字写得十分幽默，他将它摆放在了洗手间里。即使如此，我还是开心得不得了。艺术家一定不会忘记自己的作品第一次被卖出的感觉，在第一次交易之前，作品只是自己心目中的作品，而从那以后，我的作品开始向别人散发光芒。

有趣的汉字招牌

我的第一个老师是中国人，第一个买家也是中国人，仔细想想我写书法好像都受到了中国影响，这很正常，毕竟汉字就是中国人发明的。汉字的魅力无可匹敌，影响了中国周边国家，连曾经抵抗中国文化的日本与韩国，也不得不臣服在汉字的魅力下，20世纪后才慢慢地摆脱汉字。

汉字和英文字母的不同在于每个汉字都有含义，所以，我们看到汉字时，脑袋里的反应与看到英文字母与日本假名时不同。我们看见一个方块字时，那个字的含义是直接跑进我们大脑中，但我们看到英文字母或日本假名时却会先排列组合，拼凑出意思后才得以理解。所以，读片假名的电报让人觉得有点累，看见菜单上出现片假名的菜名也往往会直接跳过，可是汉字招牌就没那么容易被视而不见了。像我在美国时几乎不看招牌，可是一搭上日本的电车，目光就不自觉往车厢内的广告扫去。不只我如此，其他乘客也是，甚至还有人念出声来。

　　汉字会直接跳进我们大脑里，每一个汉字都带有丰富的意义与内涵。比如"泰"字，是三千年前《易经》占卜时卜出来的字眼，代表着"完美平衡"，同时它也象征中国神圣的泰山山顶，还是今日泰国的国名。虽然世界上所有国家的语言都在历史洪流中不断被赋予各种意义，但唯有汉字，被使用长达三千年之久。在几千年之间叠起的意义与内涵就像绚烂的彩云般缠绕着汉字，赋予了汉字神秘的力量。

　　小时候，我在日本街头看见的缤纷招牌，其实不是日本特有的景象，在中国的香港、大陆地区或东南亚的中国城里，招牌其实随处可见，甚至可以说是招牌的海洋。可能是因为当地不像欧美在自然环境保护与城市规划上那么完善吧，但由于汉字是如此有意思，你不能否认那已经成了生活里的一项乐趣。

　　古埃及与中南美的玛雅文化里也有象形字，但只有中国把象形的形体一路精简、抽象化成了汉字。中国人更在汉字上加上了我们在"戈"这个字中也可以看到的线条美感，创作出隶书、楷书、草书等丰富的线条文化，蕴生出了"书法"这门艺术。

　　我通常喜欢单写一个字，像是《易经》中的"乾""坤""泰"，或是具有丰富含义的"庵""夜""旦"，等等，不过纵观中国与日本的传统书法字迹，会发现古人很少写单一个字。从前的人涵养深厚，时间也很充裕，而在现代社会，人们已经没有那么多闲工夫来练习书法了，所以，一个字的书法或许可以看成是"快速书法",有点类似衰退的书法作为。不过单一个字的好处是,字眼本身的含义反而跳脱了出来。我们每个人都有可能带给我们心灵震撼的某个字眼,这个字,有时候就成为我们的"守护"。以"心"这个字来说好了,有一次,我把它用乌墨在一张纸上写下,接着又用朱墨贴着原本的"心"重写一遍。有个客人看了后喜出望外地说:"这就是男女两人心心相印!"开心地把字买了回去。最近,这位客人家里遭遇了火灾,那幅字在火灾中被烧毁了,他打电话过来说:"它是我和我情人的守护符。"希望我能够再写一幅给他。我的字画似乎发挥了书法真正的作用,这让我十分开心。

在我的书法作品卖出了之后,我也办了好几次展览,不过终究是个人活动,我从来没参加过任何日本书法家所组成的"会"。在我看来,日本书法家或画家组织的"会"非常不可思议,因为只要翻阅美术年鉴里的名单就会发现,这些艺术家形成了标准金字塔形的结构,而我们也常见到艺术家的名片上印着"某某会准会员""某某会副会长"等一大堆头衔,而那也透露出了日本艺术家是如何为了会员间的权力政治活动劳心劳力的。

我欣赏的旧时书法家就从来不曾为了这些事情烦心。我们看一休禅师,他在脱离了当时京都五山制度的生活中培养出了清风劲骨,人格反映到了字里;又以江户文人龟田鹏斋来说,那个人一辈子我行我素,夜里和朋友喝酒写字乐逍遥,逍遥之性表现到了字体中,歪歪扭扭浑然不似汉字,就像是大家所说的"蚯蚓在爬"的字。

可是进入组织里全是为了"权势"吗？不见得，有时是基于对典范的尊崇。除了方君，我没有拜过任何其他的老师，但是我有"典范"。我的典范就是先前提到的安迪·沃霍尔。在见识他的画作之前，我仅仅只是练习字，但是在欣赏过他的画作之后，我才开始真正的"写字"，写一个艺术层面上的字，所以沃霍尔在我心里占有很重要的位置。我千方百计地想要拜访他，就为了得到他的认同。终于有一次，朋友把我的字带给他看，据说沃霍尔说"还不错"。那一句"还不错"，对我可是无上的鼓舞！我现今想起还会羞涩，但不得不承认，艺术家总是想得到心底典范的认同，不是加入相关的"会"，就是希望得到"沃霍尔的鉴定"。

"字如其心"

我开始收藏美术品时，收藏的都是书帖，除了因为本身喜欢之外，还有一个更重要的原因——书帖很便宜！就以池大雅[①]、与谢芜村[②]的画来说，每幅至少要 1000 万日元起跳，但同一个人的书帖只要 10 万日元就能入手，甚至是闻名天下的千利休[③]，直到几年前为止，东京某家艺廊里都以 250 万日元左右的价格出售他的挂轴。千利休的真迹目前仅存数十张，但居然比印了数万张的北齐版画还便宜，可见当代日本人对书帖已经

[①] 池大雅（1723—1767），日本画家、书法家。代表作为《日本名声十二景图》。
[②] 与谢芜村（1716—1783），本姓谷口，别名夜半亭，画名谢长庚、春星等，日本俳句诗人、画家。代表作为《悼念北寿老仙》。
[③] 千利休（1522—1591），日本茶道的鼻祖和集大成者，本名田中与四郎。

没有多大的兴趣了，大多数人都不爱看，也不会去购买。

无论中国或日本，在旧时，书法都被认为是最高雅的艺术，众人珍之重之。唐太宗因为对王羲之的书法太过着迷，不停地收藏、保存、研究名人的墨宝与石拓；而同一时代的日本禅宗的寺院里，师僧的字迹是最珍贵的寺宝；日本的公家社会更从平安时代就珍视色纸、短册与歌合等的字迹，可以说，就某种形式而言，公家的书法守护了公家的身份认同。

可是，现在人们对书法的珍爱已经比不上对其他艺术的珍视了。原因很简单，因为大家已经不懂书法了，毕竟日语这项语言已经发生了转变，而在现代人的生活中，笔已经不是必需品。但从书法的字迹中，我们依然可以看出线条的笔劲与书写者的人格。以前的人也不见得每个人都看得懂书法家在写什么，就以鹏斋的蚯蚓字来说，连他的朋友都看不懂。而唐代的书法家张旭字体狂放从容，像是在恶作剧，一开始也没人看得懂他在写什么，可是由于他的字开阔大气，被大家认为已经达到了"菩萨境地"，受到了外界很高的评价。国外有些人专门收藏中国与日本的书帖，那些外国人也不见得就懂中文或平假名，可是他们把那当成是抽象艺术，看的是线条，是写字的旧时茶人与禅家的性情。

最近，我听到一件很有趣的事，也解开了我心中的一个疑问——日本人为什么不爱书法？在我经营的艺廊"篾庵有限会社"里，有位打工的学生，他就在附近读大学，两年前他开始接触古美术，可是他对书法作品并不喜爱，甚至是讨厌，特别是根本就看不懂的鹏斋的蚯蚓字。他说虽然外国人没有看懂，但至少能将那当成是抽象艺术来欣赏，可是日本人看不懂时，就会不自觉地很紧张，毕竟对日本人来讲，"字"是有意义的，看不懂时会觉得自己很糟糕。我恍然大悟，原来日本人有这种心结。

在收藏书帖的过程中，我逐渐了解了很多日本艺术的精神，比如，我在收藏公家的色纸、短册时，观察到它们的字体都很相似，是一种非常柔、极女性化的草书，如行云流水。于是，我开始去研究那到底是什么，那看起来不像是平安假名也不像禅宗的字体。之后我翻阅了许多书籍，却发现没有一本书提及这个问题。还好不久后，我发现那是所谓的"和样书道"（又称为"流义书道"），是从镰仓时代一路延续到江户末期的日本特有字体。这种字体和能剧一样，有固定的"形"，不允许个人在字体中表现出自我的个性，但同时它也拥有中国书法里所见不到的铁性，它的特征就是女性化的优雅线条。我认为和样书道的瑰美非常洗练，用这种字体来写和歌，就展现了一种能剧里视为理想的"幽玄"意境。

明治时代之后，和样书道受到国家教育的刻意排除，原因可能出在这种书法形式太过保守。因此，同样在室町时代集大成的能剧、茶道、生花与园艺都延续到了20世纪，而和样书道却消失了。现在，即使是遍寻全日本，也找不到会写这种字体的人了。

日本禅家与茶道受到了中国书法的影响，字里行间都有中国字风，因此在创意上与想象力上都逊于中国书法家一等。然而和样书道中所展现出来的"非私我"的性幽玄美感，令日本书法界扳回了一城。现代人往往认为"非私我"是一件不好的事，太没有个性了，可是不见得真是这样，中国书法家就是因为太追求自我，反而无法在字中呈现和样书道里特有的那股寂静。只可惜和样书道没了，我认为和样书道的柔敛深严正是日本艺术的象征，让我也希望自己的字里能带一点那样的意境。

我还有一个收藏爱好是中国的石拓，让我乐此不疲。一般来讲，除了学者，只有黑白两色的石拓根本不会有人感兴趣。可是我觉得石拓就好比是"书法的旅行"，中国的书法不止写在纸上和绢上，还刻在石头、木头、洞窟、山岩与各处国土上，在几千年历史中保存了下来。很多的知名景点都有许多的铭篆，随着时间的流逝，岁月的痕迹一层层地叠在那些被刻在石头上的字中。所以，从铭篆上拓下来的字，一定会染上场所的气氛与留字人的性格。

乌黑的纸面背景上，依稀可见苍白的字样，那字样中呼吸着碑文的石头肌理，字体残损的部分呈现出风吹雨打的漫长岁月。我把这些拓本装饰在龟冈的家中，无事闲坐榻榻米上，神游泰山山顶去找宋代书法家谈笑风生。

我一直在聊书法的"意义"与"线条美感"，但书法真正有意思的地方是古人所说的"字如其心"。毛笔比任何一种笔更能反映出书写者的微妙心绪，所以中国与日本的书法可以映射出书写者的心，书法也因而被古人认为是最经典的艺术。我无论读再多书也不可能真的见到古时候的公家、看到他们的真实生活，可是当我凝视着优美的和样书道时，公家人的生活就在我眼前跃然呈现。又以一休和尚来说，我们读再多他的诗、他的传记，读到的也只是禅家的公案而已，可是当我们看着他的字，他那个人的强韧、促狭、嘲讽、天才、智慧……全都传达了出来。

即使那幅字上没有署名，我们也照样可以窥破这个无名氏的内心。我有一幅非常钟爱的中国石拓挂轴，是从公元6世纪的泰山石壁上拓下来的，它的书写者，现在也无从知晓。那字非常浑厚、简洁而充满了劲道。泰山的岩壁上有几百个像这样的字，不晓得是谁从中挑出了三个，凑成了一幅"德不孤"的字轴。这三个字来自于孔子的教诲，原文为"德不孤，必有邻"，说的是品德高尚的人一定会有人来和他做朋友，他绝不会孤单。当我独居在龟冈那样子的乡下，这幅挂轴可以说是我的慰藉。这句话的内涵、强韧的线条和无名者的素朴，浑然成就了一幅杰作。

喝一杯再写

一个人的字之所以能"如其心"，其中一个原因在于书法是种瞬间的呈现，写下了什么就是什么，也没有更改的机会。我不擅长忍耐，所以，我只喜欢写书法时那种一瞬间的感觉。如果用音乐来比喻，油画就像是读谱演奏，书法则是爵士。与朋友喝茶聊天，一起习字，有时会写一整个晚上，那简直是最放松的时光，也是我从学生时代在罗伯托家里第一次"写字"以来，始终不变的作风。

写字时，我会先选好各种颜色的和纸，接着磨墨。偶尔我会拿出阿鹤给我的砚滴来用。朋友多的时候，我就加点红的、黄的、金粉、蓝、绿青，再混上了胶水，调出不一样的墨色，所以光是弄弄墨就能弄上好几个小时，等到终于要开动了，夜已经深了。我听听朋友们的意见，书写各种主题。事先我不会计划好要写什么风格的字，一切都在落笔的瞬间。字这种事物很不可思议，不管是外国人或日本人都一眼就看得出好坏，大概是因为不见得一定要懂字的含义与书法技巧，也能从字体的平衡感与线条的味道去判断。我就这样随兴地写，直到天色朦胧微亮，倒头就睡，白天起床后家里已经四处散落着几十张字纸，即使大部分都失败了，但总有几张留下了和朋友深夜谈心的"气息"，我就把那样的作品留下。

在某个夏天的夜晚，屋外的水田中不断地传来声声蛙鸣，屋内的灯火吸引了许多蚊虫。第二天清醒过来时，我看到昨夜的成果居然只有一张能看，上面写着一个偌大黝黑的"夜"字，在大大的"夜"里，用银粉写上一大堆"蛙""蛾""蝉"等字。

前年，有一个名为茱莉亚的黑人女歌手来大阪献唱音乐剧，顺便来到龟冈。她的身形娇小，可爱的脸庞看上去就是一个青春少女，但声量可是惊人的浑厚。当晚我们开心地聊天直至深夜，我提笔写字，而茱莉亚在身边偶尔放歌几句，吓退了水田里的青蛙。那天晚上，我为茱莉亚写了一个"慈"，那个字蕴敛深情，很适合她。后来我又不知道写过多少次"慈"字，但再也写不出可以与那晚的字相媲美的了。

另外就是酒。历史里大多的知名书法家都是杜康的爱好者。我平常虽然不好此物，但要写字时倒是会喝一点，可能是有点想借酒精来释放平常拘谨的脑袋瓜，并舒缓一下手部吧。据说以前王羲之也曾经在兰亭大摆酒宴，与友人酣闹之际纵笔挥毫。美酒或许就是书法的好朋友，我的收藏里有一件鹏斋的屏风，那屏风上的字真是狂放到了惊人的地步，一看落款处，果然写着"鹏斋老人，大醉笔"。之前我提到过，在小时候，老师叫我们写"戈"字的时候，手好像在跳舞一样，十年后当我看到歌舞伎的女形时，那种"手在跳舞"的感觉又浮现了，女形拖曳莲步、双手像画圈圈一样转动，柔水般的细匀动作就这么倾泻出来。女形在基本上一定和我喜欢的和样书道是共通的。

叫我端坐在榻榻米上写字是不可能的事。我在龟冈和朋友一起写字时一定要动，一下子站、一下子蹲，走过来走过去，来来回回地不停走动，字就在身体的动作中倾泻而出。我完全理解唐代张旭把头发沾进墨水桶里，用自己的脑袋瓜儿写字的怪异行为，若是有机会，我也要尝试一下。

现在虽然还没有机会做如此疯狂的事，但是在很久以前，我就有了将书法与舞蹈结合在一起而以某种方式呈现的想法。六年前，我的美国朋友来日本玩，我带朋友拜访了位于奈良深山的一座禅院——松源院，那里是住在京都的外国人与关西艺术家的聚会场所。松源院的榻榻米房里其实就摆着一张大木桌而已，简简单单的摆设传达出禅的意境。一拉开纸门，内院凉风徐徐，坐在桌前啜饮着茶，从清亮的榻榻米上看到的是室外宽敞的白净砂庭，接着目光又移往砂庭前的白墙，再越过白墙看见远处浮在天地间的吉野山，好像整个人置身于天堂一般。松源院有两位主持，一位是来自大德寺的和尚宗益，另一位是也在大德寺修行的美籍僧人约翰·特拉[①]。

当天晚上刚好有一位西川流的舞蹈教师西川近世小姐来到松源院。一伙人喝酒赏月，不知不觉夜就深了，大家都已经酩酊大醉，不晓得谁起意请近世小姐起舞一曲，我心想，那我就来配合她写字吧。

于是大家把雨窗搬到砂庭里，在上头摆上两张大纸。那时候刚好有一位东京的政治家把孙子寄放在松源院里，我们让那小孩穿上和服，捧着摆有笔墨的盆子充当古书里的"文人童子"。也不晓得近世从哪里翻出来一个般若面具，一切都准备妥当。

宗益开始缓缓地唱起般若心经，戴着般若面具的近世旖旎侵入了清扫得漂漂亮亮的砂庭，狂野地舞动着。"童子"捧上盆，我拿起笔在纸上写下"般若"两字。当我写到最后一撇时，近世的动作也缓和了下来，慢慢地躺在砂庭上。最后只留下宗益的呗唱"揭谛、揭谛、波罗揭谛、波罗僧揭谛、菩提娑婆诃。般若波罗蜜多心经"飘散在静寂的夜里。

我将这个写了出来，恐怕有人会觉得我们很做作。其实当

[①] 约翰·特拉（John Toler），皈依日名为藤萝宗岳。

晚包括美国来的朋友与"童子"在内，每个人都开心得不得了，之后大家继续饮酒作乐，最后在月光下，在砂庭里跳起了迪斯科！

那次活动的开展都是顺其自然的，后来我又和近世小姐合办了好几回结合了舞蹈与书法的活动。开始时我们两人虽然一起表演，行为本身却各做各的，虽然我们是在同一场地里，但是内心并没有什么交流，所以表演也无法融合。直到三年前，一次以"失恋"为主题的活动，我们尝试以舞蹈与书法来呈现人性感情。近世小姐提起笔，我牵着她的手或挥毫或凝视她……我们尝试以简单的动作来将两种艺术缠绕为一。在这种做法下，两种喜好——舞蹈与书法结合，一块儿戏游！当我配合近世小姐的动作挥毫时，感觉小时候练习写"戈"的那种节奏又回来了。由左而右、由上而下、勾笔跳到上头、啪嗒一下！侧侧一捺、回笔向上、再点一下……能找回儿时的感觉，真是如同一场幸福的梦。

第七章 住在"天满宫"

四百年前的尼姑庵

因为工作的关系，我成了东京的常客，每个星期都忙碌往返于东京的事务所与店铺间，星期五傍晚6点左右成了我最期待的时间。我先搭车去东京车站的八重洲口，从那里搭上新干线回京都。刚上车时还满脑袋工作的事，不知不觉间思绪飘远，开始想起家前那口水缸里的睡莲不知道开了没有，请裱装店重弄的那幅龙腾图不晓得怎么样了……三个小时后，在即将抵达京都前，工作的事早就被我抛到九霄云外。

到了京都，那里的空气和东京的完全不一样，每次我下车时总是忍不住想，东京的空气实在太稀薄了。我好好呼吸了久违一个星期的"美味空气"，接着继续搭车往西边的山里去。在深夜11点左右，我终于抵达了目的地龟冈。

从1977年开始，我就住在龟冈一间古朴的日式老屋里，位于乡下的小神社境内。用旧制单位来算的话，我家是4间乘8

间大，也就是 32 坪的小房子。幸好位于神社内，我家的庭院非常辽阔，大门面朝马路，屋后则有小溪，夹在小溪和马路之间的土地有好几百坪。此外，溪流对面的山也属于神社所有，所以，我家的庭院借景其实有好几千坪。

面朝马路的白墙上头砌着屋瓦，一路绵延着围起了神社。不过围墙的历史过久，上头的灰泥都剥落了，而牵牛花和铁线莲就沿着龟裂处肆意攀缘，看起来好像是鬼屋的围墙。沿着围墙一路走到中间，有个高耸的门，往里头直走就可以沿着参道来到天神小巧的神社。神社旁长了高大的梅树，接着你会看见眼前右边有神社的杉木，河畔则蔓延开了一大片的树林。

沿着参道往左走也是我的领土。水缸里头有睡莲与莲花。芍药、胡枝子、酸浆、杜鹃、蕨叶、鹭兰等，随处散置在各种陶器缸里，踏过六七个错置的大石块往前走，就到了我家门口了。

进屋子里后，可以望见后头的庭院，那里与其说是庭院，还不如说是森林：大小相当于四叠榻榻米的草地周围长满了树龄百年的老樱树、紫薇与银杏等。再往后走，地势忽然跌落成瀑布，河的对面山头耸立，山上被森林覆盖。每次星期五我回到家时，森林和山都已经被掩盖在幽暗的夜幕里，但当我打开檐廊的玻璃门，瀑布声瞬间唰的一下朝我涌来，冲散了在东京的杂乱思绪，我又回到了我自己。

当初我将家安在这里，也着实是十分幸运。1977 年，我从牛津大学毕业后，进入位于龟冈的大本宗教团体的国际部就职。大本是由出口王仁三郎创立的一个神道体系宗教，就宗教团体来讲算是很特别的，因为它并不把重心放在宣教活动上，而是着重于推广日本传统艺术（茶道、书道、能乐等），并与全球的宗教团体携手合作。当初我在王仁三郎的名言"艺术是宗教之母"吸引下来到大本工作，不过初入社会的我完全忘了要问薪水多少，等到了龟冈后才发现，在大本工作堪称为"无私奉献"，薪水很低，我的起薪只有10万日元。好吧，从事艺术活动当然没问题，但住的地方该怎么办呢？这可是个问题了。

最初的两三个星期，我先住在大本的宿舍里。接着在夏日将逝的某一天，我忽然心血来潮，宣称"我今天要出门找房子"，便拉着朋友陪我出门散步。由于龟冈是盆地地形，从大本往外走一下子就会碰到山。我们往山里走去，途中碰到了一户很有意思的人家。白墙映门，门里庭院深深；穿过门，院子里长满了茂密杂草，房子当然没有人住。以前，我在四国祖谷找房子时曾经踏遍无数空屋，于是立刻推门进去。屋里又暗又脏，布满了蜘蛛网，黏在头上和手上，一股不快涌上心头。我在昏暗的屋子里小心翼翼踩过颤颤巍巍的榻榻米地板，走到后头的檐廊后轻轻推了雨窗——没想到雨窗已经腐朽了，沿着檐廊的一面整片全都倒下了。就在那一瞬间，夏日后院充满绿意的清亮阳光洒满室内，原本被雨窗撑起的空间唰地变成了翠绿美景——那一刻，我直觉认定"这里就是我家"。

于是，我们跑过去询问了一下住在隔壁的太太，打听到房子是附近的锹山神社所有，然后我们去拜访了神主。一开始神主很讶异，但还是向我们介绍了一下房子的概况。这座房子大有历史，兴建于大约 400 年前，它的前身是一座尼姑庵，后来在江户时代结束的时候，迁移到了现在的地方，直到大正时代，它一直是天神的社务所所有。神社后来没有神主继承，房子便被租给一般人家，而现在，大家对这种破破旧旧的老房子已经不感兴趣了，所以已经空置了许久。神主虽然不懂我为什么会想住在那种破房子里，但反正现在也没人住，干脆就租给我了。现在回过头想想，一次夏日的散步居然让我找到了我的安乐窝，也算是某种命运的安排吧。

房子虽然和神社没有关系，但既然位于天神境内，我就把它取名为"天满宫"。如今"天满宫"已经整理得很舒服了，偶尔有访客来拜访，都会忍不住赞叹："好棒的房子呀！"但是大家却不知道，舒适的背后耗费了我很多年的心血，房租确实是很便宜，但修缮的费用却令人咋舌。

一开始连供水设备也没有，只有一口枯井，不光破旧，而且特别的脏，这我可受不了。我找来了五个朋友一起进行"欢聚大扫除"，水要用水桶从隔壁提过来，拿抹布把天花板、柱子和榻榻米全都擦得干干净净。还好那房子没漏水，所以榻榻米还很完整。接着牵了水管、重新配置电线插座、做好门户地板的木工、打扫好庭院等，一切都收拾好之后，我们已经疲惫不堪了。后院在我初次看见的时候是一片杂草丛生的荒野，几个月之后，我用斧头和镰刀把那一片荒野给清干净，惊喜地发现：那里原来是个美丽的庭院，精心配置了石头、灯笼和杜鹃花。

以我当时 10 万日元的月薪，根本没办法立刻修缮房子，所以一开始的三四年真的像住在鬼屋里。我刚搬进"天满宫"不久，就有了第一个室友戴安娜（Diane Barraclough），她是一个神户出身的英国女孩子。戴安娜从小在神户长大，虽然是金发，但是个地道的"神户人"，说起日语来很流利，但有些粗鲁。她很漂亮，如同少女漫画里的一只妖精，她最向往的就是爱伦·坡①（Edgar Allan Poe）笔下的世界，所以昏昏暗暗、破破烂烂的"天满宫"正投她所好。

我们很长一段时间都没钱修理雨窗，室内与后院间一直门户洞开，什么遮挡的东西都没有。夏天的夜晚，会有千万只蚊子和飞蛾飞入房内，我们不得不挂起蚊帐，在蚊帐的庇佑下才能睡觉。戴安娜坐在摆着座灯的蚊帐内、嘴角衔着老烟管、悠闲读书的景象，一如爱伦·坡所描绘的。

红色的绢质蚊帐边缘，浮现在幽暗的"天满宫"中。座灯的微光从淡绿薄麻灯罩里透了出来，映亮了戴安娜的脸庞。虽然家里像破旧的历史剧背景，但我们的生活却很优雅，时光已经静止。睡前我们点燃一支蜡烛，坐在檐廊旁看蜘蛛结网、听音乐、聊聊人生与爱情。

有一晚，我带了日本朋友来"天满宫"，当计程车从车站抵达家门口时，家里电灯都关了，黑暗之中，只有风声、瀑布声；与一头飘逸金发的戴安娜穿着倨长和服、手持蜡烛等在玄关。

---

① 爱伦·坡（1809—1849），美国作家、诗人和文学评论家，被尊崇为美国浪漫主义运动的要角之一。

刚下车的朋友看到这副情景,马上又吓得回到了来时的计程车上,奔回车站!

"天满宫"的珠宝盒

现在回忆起来,20世纪70年代后半期正好是时代的一个转折点,我和戴安娜,还有许多外国朋友,当时独活在日本的旧日之"梦"中,那时候我们还有机会相信梦。我家旁边是一大片水田的乡间景观,龟冈仍有许多散发着城下町气息的老房子,山上尚未被铁塔给覆盖,国道上也没有四处林立的小钢珠店,整个城市都还没被铺天盖地的混凝土与塑胶所侵袭。进入了20世纪80年代后,龟冈(老实说是全日本)变得面目可憎,我们的"梦"差不多消散殆尽了。从前,我们的行为或许稍微惹眼了一点,但至少还带着一分现实感,今天如果我们继续穿着和服,恐怕就成了大笑话,毕竟实在太脱离现实了。戴安娜那时候手捧蜡烛的那幅"梦境",现在还留在我心底,我真心为了今日没办法感受到那种梦境的年轻人难过。

时光的河继续往前流,进入80年代后我开始慢慢改装房子,拉了电线、扫掉蜘蛛网,还在檐廊上安装玻璃门。家里没有蜘蛛网后,戴安娜觉得那种氛围已经消失了,很快就搬走了。我又请锹山神社的神主来帮灶台和古井做法事,将原本占了"天满宫"三分之一面积的土间作为工作室,钉了个长桌,我可以在那里写书法、替书画装裱或衬背。当时把不要的东西从土间天花板上搬了下来后,也发生了像清扫庭院后一样的惊喜!原本土间的上头空间里摆了很多木料与建材,看不出来再往上是什么,可是我把几十根木材、几十扇被熏得漆黑的纸门搬下来,再用垃圾袋将累积了150年灶台煤烟的烟屑给装成了十几袋后,赫然发现顶端居然是优美的屋梁构架!现在我往屋顶打光,享受着美好的空间感。

虽然在外部世界,一个属于和服与蜡烛美梦的时代已经于此结束,但至少回到了"天满宫",里头还有一个独特的天地在运转,那天地就是自然。每当我从东京或海外回来时,自然又往前跑了一点,家里有各种有趣的自然现象在等着我。旧历里有所谓"清明""白露""启蛰"(惊蛰的旧称)等节气一个个都等在我家中。

首先,既然是住在天神境内,在早春盛开的当然是梅花,接着轮到了樱花、桃花与杜鹃。我最钟爱的是五月到六月的那段过渡时节里,附近水田里的青蛙"呱呱呱"地鸣叫,奏起了一曲协奏曲。有一回,我朋友从东京打电话给我,讶异地说:"连在电话这头也听得见。"还有一个晚上,庭院里飞来了一只萤火虫,于是我带着朋友走到河畔边静静站在黑暗中。没多久,数也数不清的萤火虫从河谷草丛间一一地涌现。

一到了梅雨季,碧绿的小雨蛙就会开启疯狂模式,不间断地攻击我家,一颗颗翡翠球跳上了树叶、蹦上了树身,给绿树也缀上了宝石;莲花开了,雨滴滴答答地敲打着卧室的屋顶,让人全身毛孔也跟着打开,在梅雨里酣眠最是舒爽。

在炎热的夏天，小孩子就跑到瀑布旁边游泳，从我的榻榻米房正好可以看到那个瀑布。看见脱得精光的小孩在水里欢快畅游让人也跟着开心起来，那活生生是一幅伊甸园的画。游泳的孩子上方，风吹拂过山上的杂木林，老鹰在天空中展翅翱翔。

接着还有夏季尾声的狂风（戴安娜的最爱！）、秋天的红叶、黄色的银杏、红宝石般的南天以及最后留在树梢上的柿子。冬天一到，偶尔看得见树冰现象；晨起后，庭院里的绿草一簇簇都在晨辉中闪耀着钻石光芒。雨蛙翡翠、冰雪白钻、南天红包，这些就是"天满宫"的珠宝盒。

不管怎么说，现代人恐怕很难理解这种欢喜赞颂自然的心情到底是怎么回事吧。前一阵子还有朋友跟我说："我觉得去山上亲近自然很无聊，一定要上去做点什么，打打高尔夫啊，滑雪呀，才有意思。"原来如此，现代人可能不知道"没事做"的大自然是什么情况吧，所以才会拼命破坏自然去建造高尔夫球场或滑雪场。但在我的内心里，自然就是中国古诗里的自然，是芭蕉俳句里的自然，青蛙跳进古池里，扑通一声响就已经足够令人会心一笑，不需要任何其他事情来增添乐趣了。

"众神喧哗"

戴安娜还住在"天满宫"时，我们家徒四壁，后来我的艺术收藏品越来越多，家里简直堆满了来自各方的东西——日本屏风、中式地毯、西藏曼陀罗、韩国壶、泰式佛像、缅甸漆器、柬埔寨雕像等，我把这一大堆东洋艺术品统统塞进了我那狭窄的"天满宫"。用"塞"这个字眼可能不太好听，但无论如何"天满宫"都称不上是"雅"。还好来自东洋地区、各个时代的艺术品聚在一起，形成了不输给外头自然美景的艺术丛林、美的温室。有朋友说我那里像阿拉丁神灯故事里的神秘洞穴，访客来时先看到的是一个素雅的庭院，里头是一栋素净古屋，接着忽然间"芝麻开门！"坠入了另一个截然不同的世界——五彩屏风、长毛地毯、艳泽的花梨或紫檀木纷纷冒上眼帘，那不是属于这世界的光景。是啊，日本的蚊帐与烟管"梦界"虽然已经从这世上消逝，但我可以在"天满宫"里创造一个属于我的深爱的东方天堂。不是中国，不是日本，这里是我的"嬉游地"。

如今我们的生活里缺乏色彩，政治人物都是身穿清一色的蓝西装。现代家庭中很难找到什么漂亮的颜色，特别是灯具，日本灯具几乎都是荧光灯，生活中的用品几乎都是铝材或其他合成材料，但当我回到了"天满宫"，那里流动着丰富与活泼的色泽，与东京的灰扑扑形成了对比。首先是屏风上的金箔，谷崎润一郎在《阴翳礼赞》中说明亮的空间不适合使用金色，不晓得是不是因为这样，金色几乎已经从现代生活里全面退守，但我的"天满宫"里还有屏风上的金、佛像上的金、莳绘上的金与各种金色。金色里又包含了各种色泽，有青金、赤金、不同时代烧出的紫金等。金色之外，"天满宫"也有西藏曼陀罗矿物颜料中的色彩，尤其是独特的自然铜锈绿！那种绿彩之强烈，只能以"上天的颜色"来形容了。此外还有漆器上的墨红、中国宋代薄瓷的天青、日本织品独特内敛的橘色与茶色，这百般颜色保养了我的眼睛。

我爱好书法，住在"天满宫"里总让我觉得有种特别的含义，就是受到天神的眷顾。我不是什么神道信徒，只不过在日本天神自古以来被尊崇为学问与书法之神，想必是有点灵力嘛，所以我有时会去拉拉神社的铃铛求神。说"求神"可能太夸张了一点，比较像是与学问之神打个招呼。到了要考高中、大学的时期，学生便会来给天神拜拜，一早就听得见铃铛响起，倒像是"天满宫"的闹钟了。

说到神，我常被朋友嫌道"天满宫"的神太多。我的工作室（旧土间）里有个神棚，正中央摆了座道真像，左右也放着从神社佛像阁买来的护身符与神符、念珠，旁边有个盘子堆满了一堆超能力者给我的水晶，等等，然后同一个房间的厨房上方镇坐着一尊大黑天。那尊大黑天的高度不过才15厘米吧，却有往昔园空上人的大黑天那种劲道，我相信他一定是我家里的守护神。除此之外，每年从房东锹山神社那里拿来的符咒也贴满了厨房的柱子。

榻榻米房归为佛教管辖。四尊泰国释迦摩尼佛围绕着客人的椅子，一尊站着，伸出慈悲之手；两尊盘腿冥想；最后一尊只剩下佛首，它是来自于12世纪柬埔寨的石像。佛像和椅子后方的墙上，悬挂着一幅巨大的西藏曼陀罗，以西藏典型的斑斓色彩描绘出智慧女神。画的构图与京都三十三间堂的佛像排列有异曲同工之妙，端坐在正中间的智慧女神身旁围绕着一千尊小女神。在这幅曼陀罗的对面墙壁上，一尊日本阿弥陀佛端坐高处，由上往下散发金色的静谧光芒。

至于床之间的柱子上，则有大本教的王仁三郎写的短册，卧室里有幅印度摩诃拉者给我的湿婆神画像，厕所里摆着一尊小小的泰国佛音。神要是进了我这"天满宫"，恐怕也会迷路吧？可是我不想被单一宗教绑架，所以什么都信，说我迷信的话，我就是大迷信！我觉得天满宫的空气里无时无刻不充满着这一大群神佛，往我身上吹送着润泽的温暖气息。

不过住在乡下同时也意味着种种不便，比如说虫。二十四节气的大自然循环里，有个叫做"惊蛰"的节气，大约是三月的初期。一到那节气，蚊、蛾、蜂、蚁、蜘蛛、蜈蚣、臭屁虫等全都一涌而出，与之搏斗耗掉人半条命。以前戴安娜学日本琴，有天半夜琴忽然自己演奏起来，优柔的弦音铮铮锵锵"欲语又止"，可是屋子里除了躺在蚊帐里的我和戴安娜，根本就没有其他人。我们赶紧拿了手电筒去看，什么也没有，只有看不见的鬼魂依然在拨弄琴弦，叮铃铃……当啷啷……在安静的夜里，那琴音如同从恐怖片中传来，吓得我和戴安娜浑身发冷，甚至要魂飞魄散了。到最后实在受不了了，我冲出去把家里的灯全都打开，这才发现，原来是琴弦下的一只大飞蛾在作祟。

除了这种鬼魅事件，蚊子也会来骚扰我们。蚊帐上明明一个洞都没有，蚊子却能神奇地出现在蚊帐里面。最后为了躲避蚊虫，我只好在榻榻米房装了玻璃窗与冷气，完全把室内室外隔绝开来。可是"天满宫"建筑到现在毕竟已经过了150年，没有一根柱子是正的，每根都歪了一点，所以臭屁虫等还是会钻进来，"天满宫"大概每天都被蚊虫困扰着。

来"天满宫"的最大不便，大概就是从京都或是大阪过来花费的时间过长吧。其实从京都搭电车过来只要25分钟、开车只要45分钟而已。从大阪的御筋堂出发需要1小时15分钟车程、从伊丹机场出发是45分钟。而走那段路程的心理距离遥远到令人想哭泣。这一点，住在离市区一段距离的乡村居民应该都深有同感，对外头的人来说，要从市区到乡村简直就像要穿越撒哈拉沙漠一样的遥远与困难，他们很难提起勇气来穿越沙漠。

有一次，一位荷兰的艺术品藏家从阿姆斯特丹打电话给我，说他下个月要来日本玩："无论如何都想去天满宫拜访。"一个月后，他到东京时给我打电话："我明天去京都，后天去打扰你啦。"接着隔天从京都打电话来："明天就要过来了！"没想到当天清早，他在电话里说："龟冈实在太远了。"从荷兰到东京、从东京到京都，都不算远，可是从京都到龟冈却让人觉得远得不得了！

普鲁斯特的年代有位孟德斯鸠伯爵，他是巴黎社交界的名人，巴黎没有人不想参加他的晚宴。有一天，伯爵从布隆森林的东边搬到西边另一座更大的宫殿——布隆森林是位于巴黎正中央的公园，从东边到西边不过2公里的距离——可是从他搬家的那一天起，巴黎社交界就完全把他遗忘了。伯爵一个人度过了孤寂的晚年。

"天满宫"并没有什么访客，这对我的艺术品生意可能不太好,可是我并不寂寞,反而是在脱离了都会纷扰的人际关系后,会来玩的都是一些真正的好朋友,因此在"天满宫"与朋友相聚总是惬意、总是欢心。

男人的"避难寺"

"天满宫"虽然是我的家,但这 16 年来陆陆续续有不少人住在这里,包含大阪的阿聪、横滨的小利、敦贺的小勉等,有的是来帮我看家的,最后全都爱上了这里。除了戴安娜,"天满宫"的过客全是男人,清一色是 20 岁左右的年轻人。这些人不是为了古美术或自然景色而来,他们是来避难的,为了逃离日本的社会。

要从日本社会的束缚中逃离并不容易,在日本,几乎不可能像美国人那样逃到郊区去过嬉皮生活,可是住在都会里又得拼命赚钱付房租。如果在东京,人们想脱离日本社会的压力只好去外商企业工作,但外商也有外商的问题。于是乎在这样的情况下,节奏悠闲的"天满宫"就成了理所当然的避难地。大阪的阿聪当初梦想从事国际贸易,在"天满宫"里他认识了很多住在大阪时没机会认识的外国友人;横滨的小利本来在某家日本大企业里上班,后来受不了公司里莫名其妙的上下关系与规矩就跑来了"天满宫",最后去了伦敦学设计;小勉则在"天满宫"待了一年后离开日本,现在住在香港。

我们"天满宫"有时候会被开玩笑说是"男人的避难寺"。

以前江户时代的女人要离婚，得先跑进"离缘寺"避难，让寺方调解，而"天满宫"的前身是间尼姑庵，也许这就是某种轮回吧。总之因为某些原因想脱离社会一段日子的人，就会来这里。俗话说得好，物以类聚，我自己倒也是个偏好远离人群的人，至少在周末的时候是这样的人。

最近，有个日本朋友跟我讲了一段很有意思的话："以前我一直觉得日本老房子太穷酸，但是参观过你的天满宫之后，才觉得老房子有老房子的美丽。"认为老房子很寒酸，应该是大多数人的心理，他们从没想过只要在老房子里加装空调，将供水系统完善，就会有一种充满古意的美好感觉，生活也会变得更加美好。京都市的行政做法很明显，这城市好像受到了一个观念驱使——"保留优雅市景会妨碍经济发展"，所以哪怕巴黎、罗马或伦敦纷纷在保留古老美好的前提下发展经济，京都就是办不到。可能恨不得赶紧把"穷酸的日本文化"给甩了吧。这种想法或许不仅限于京都，连全日本的人都是这么想，否则京都被破坏、日本乡区被糟蹋，就应该出现巨大的抗议声浪，但怎么好像什么都听不见？只有我们这种"奇怪的外国人"才会在乎。

别说京都，就连龟冈市都已经完全变了。袭击全日本的"丑恶"浪潮也没放过龟冈，每年"天满宫"旁边的水田与附近民宅都一一被改成小钢珠店、百货公司或高尔夫球练习场。还好我们"天满宫"的腹地广大，后头那片山全是天神的，所以，这环境应该还能守住一阵子。当附近都被洪水淹没后，只有"天满宫"还像一座浮在恶水上的小岛。

看着日本的现况,我常常会想,如果有一天人类真的要搬到宇宙之中去,日本人一定是适应得最好的。因为宇宙里没有花草树木、鸟类、动物、美术与充满文化的市街巷弄,太空船里与月球上的基地肯定是充满白铝与荧光灯的世界。其他国家的人有时不免会想起地球上的森林、想起家乡的美好,思乡成疾,迫切希望回到地球,只有日本人无所谓。因为他们想起日本时也是充满铝门窗、荧光灯、高耸如云的铁塔、混凝土及玻璃的生活,和月球没两样,日本人一定可以在月球上过得很好。

浮在丑恶大水上的小岛——"天满宫"!那恶水尚未满潮呢,附近还有水田,六月一到青蛙齐鸣;一进"天满宫"的大门,里头依然静静栖息着一方随着自然律动的天地。

"天满宫"的玄关上挂着一块匾额——"安乐巢",是某位江户文人的墨宝。"安乐巢"这名字效法自宋代某位儒家[①]的居处名称"安乐窝",虽然拥有的财富不多,可是小屋内装有许多书画,夜晚与朋友在此欢谈哲学,人生不过如此。

一路聊来,自然与远离喧嚣都是"天满宫"的好处,不过"天满宫"最大的魔力在于它能够让人"沉"下去。也许是因为四周都很安静,那些具有400年历史的老柱子在眼前散发着黑亮光泽,也让人无法抗拒。所有来"天满宫"的人都沾染了它沉重的气息,连习惯早起的生意人,也会睡懒觉,忘了要给总公司打电话或传真;原本打算只待一天的人,等真正回过神来时,

---

① 应指北宋五子之一,自号安乐先生的邵雍。

已经不知不觉在这住了好几日了。

　　初次来"天满宫"的人也会无理由地陷入沉睡。他们不是因为太无聊而睡着，而是因为生活节奏变慢了，在他们说话的时候，听音乐的时候，慢慢地姿势垮掉了。原本坐在椅子上的人恍惚间躺在铺着软绸的中国长椅上，用手撑着的下颚，不自觉也撑不住了，一下子倒在了软绸枕头里，酣然进入了梦乡。那一刻我总是会心一笑："安乐巢又发挥魔力了！"

第八章

泡沫经济

从商一年级

1983年年末,在耶鲁大学的学弟小崔梅尔·克罗(我称他为小科)的邀请下,我初访德州的达拉斯。位于美国中部的达拉斯对我而言是完全陌生的一块土地,大脑里只有美国西部片中的印象而已。小科来机场接我,和九年前相比,他整个人都不一样了:短发,穿着利落的灰西装。听他说,他现在正在他父亲崔梅尔·克罗的公司上班。

从大学时我就觉得小科家很有钱,因为某年圣诞节,听说他父亲送了他一座南洋群岛的小岛。可是我对他父亲倒是不了解,从机场到达拉斯市内的路上,小科说起了他父亲。

他父亲是达拉斯出身的德州人,35岁前一直是个普通的银行工作人员。有一天,他想了想,买下一间旧仓库,把仓库改装得漂漂亮亮后马上就找到了承租人,于是他又继续买了两三间,照样改装出租,这成了他涉足房地产的契机。经过40年,如今崔梅尔·克罗房地产开发公司（Trammel Crow Company）已经发展成全球最大的房地产公司,除了仓库,还涉足展售商场、办公大楼、住宅、公寓和饭店等。

快进入达拉斯的市中心时,小科指着眼前展开的一大片达拉斯天际线对我说:"那栋40层楼的摩天大楼就是我们的,旁边正在盖的那栋50层的也是。"

第二天,小科带我去总公司。走进大门的那一刻我还以为自己走入了美术馆,眼前根本是一座东方艺术品森林,柬埔寨王朝的雕塑、中国的翡翠就随意地摆在电脑旁与档案夹上。小科解释道:"我父亲很爱东方艺术,所以把藏品摆放在公司里,让大家也能欣赏。"

克罗先生正在和身旁的一群设计师讨论新城设计案,小科说:"爸,我介绍一位朋友给你认识。"克罗先生没有抬起头来,接着小科又说:"是我耶鲁大学的学长。"克罗先生依旧没反应,小科说:"他的专长是研究中国与日本文化。"

听了这句话,克罗先生猛地站起来,开心笑道:"专攻中国和日本文化?太好了!你快过来看看!"说着便从柜子上拿下一个玉雕:"你觉得怎么样?"我老老实实地回答:"这应该是中国古代所谓'琮'的圆筒,但上头刻的字体在19世纪很流行,所以这可能不是公元前的古玉,而是19世纪时的仿作……"

"仿作?可是苏富比跟我保证是古玉啊!"克罗先生大喊。我心想自己说错话了,有点后悔,克罗先生突然说:"你要不要来我们公司上班？"我吓了一跳。"最近，我们在上海开了分公司，我需要一个经理。"这话题实在太突然了，我只好回绝道："谢谢您，可是我从来没有做过生意，我研究的一向是文化与艺术，没做过生意，您的工作我可能不大擅长。"他听了后说："没做过生意？没关系呀，你来我公司吧，从今天开始。我每个月汇1000美元给你。"接着他马上叫来秘书："把科尔的资料登记到我们公司的员工名册。"

"很感谢您愿意给我1000美元的薪水，可是您希望我做些什么呢？"我问。"你自己判断吧，你想到要做什么了就跟我说。好啦，我要忙了。"说完他又回到刚刚的新城设计案上。从我们见面到对话结束只花了10分钟。

之后克罗先生果然每个月都汇给我1000美元，我也很认真地思考可以帮他做些什么。我想到的是既然自己比较擅长艺术，不如来替他挑选艺术品吧？于是我提笔写信建议，我可以在京都的"会"上选购艺术品，用比市价低廉的价格收藏到日本艺术品。

克罗先生同意了我的提议，于是我开始大量购买屏风与挂轴，我的日本户头也开始有大笔金钱汇入。我个人做的方式已行不通了，现在我得缴税，为更多的屏风支付修理费用，这就意味着我要雇用更多的员工，需要一个系统的管理体系，最好的方法就是成立一个公司。因此，1984年的秋天，我成立了篪庵有限会社。虽然公司名称是来自于我在祖谷的小茅屋，但是实质可不像祖谷生活那样浪漫，它涉及税金、管理和呈交政府的资料等,也就是说,我开始做起生意来了。

克罗先生很满意我挑选的艺术品,有时候他会叫我去达拉斯一起开会。后来我才知道原来他在美国也是个有名的怪人,曾在受邀为哈佛大学商学院演讲时,被问"请问您的成功秘诀是什么?",他回答"爱"。这一段成了知名佳话。

认识克罗先生前,我通过古文献与歌舞伎等传统艺术去了解日本,我认为这很无聊,也没学到什么东西。在我认识克罗先生之后,跟着他开会,从旁观察他的工作态度中学到了很多。

有一次,他决定用意大利的大理石来作为新办公大楼的外墙材料,大理石的代理商来到达拉斯,与他展开了一场价格博弈,意大利方从"13"的单位开始喊起,克罗先生则从"9"开始杀,最后双方以"10"的价码成交。成交后大理石代理商已经准备返回时,克罗先生忽然说道:"谢谢你们不介意让我杀到10,可是这样利益缩水,做起来也不开心,不然我们改成11吧,你们就会认真帮我做了。"对方很开心地回了意大利。

虽然我有时会参加克罗先生的会议,但从来都摆出一副旁观者的态度,而克罗先生说:"你的艺术造诣虽然很深厚,但现实造诣不太够哟。"

投入房地产业

没多久后,一张传真出现在我办公室,那是1986年的夏天。传真上指示:"克罗集团即将与住友信托银行合作一个展售商场案,请你去大阪的住友信托银行。"除了成立簏庵有限会社时,曾经与银行工作人员打过一次交道,我从来没和银行往来过,所以还是会有些紧张。

住友信托银行(简称住信)的负责业务员是一位姓"西"的先生,现在回头看,他可以说是 20 世纪 80 年代时泡沫经济的典型人物。西先生非常能干,很早就涉足关西地区的房地产开发案,在奈良科技城与神户六甲岛等许多企业工作过,乘着房地产的热潮登上了成功宝座。充满活力的西先生对我解释了一下情况。

神户市召开了一次人造地六甲岛的开发竞标,最后决定由住信建造,条件是住信必须为神户市兴建一个时尚会展中心。而当时全球最大的会展商场正是克罗集团所打造的达拉斯会展中心,因此,住信希望能与克罗集团合作。

"会展商场"这种建筑物很特别,可以看成是一种"产业集中的建筑物",几百家从事家具、服装、生活用品的制造商与代理商都集中在同一个建筑物里,将商品批发给下游的商家与百货公司买家。由于会展中心既方便又有效,因此会展中心的所在地常常会成为产业中心,神户市打的算盘便是通过类似达拉斯会展中心这种新型态时尚中心,将城市打造成日本服饰界的产业流通重心。

于是住信与克罗集团的漫长交涉就开始了。达拉斯方面派了一位房地产业企划负责人斯塔恩斯(Bill Starnes)前来大阪,我则一路跟在斯塔恩斯身边负责口译。一开始无论对方讲英文或日语都一样，所有金融相关的专业术语我全都听不懂，所以很惨。比方说有一种称为IRR（Internal Rate of Return，内部报酬率）的计算方式，是将每年大楼的租金收益与预估土地未来可达到的涨幅收益涵括在内的平均收益值。这在美国是从事房地产业企划时一定会具备的算式，也很被斯塔恩斯看重，可是这对我来讲实在太难了，我不会翻译。没办法，斯塔恩斯只好每天晚上在饭店亲自教我IRR等各种房地产业知识，并出了一些数学题，一步一步盯着我学，就像是我的家教一样。

在克罗集团与住信交涉的过程中，双方产生过很多歧异，现在回头想想，最有趣的绝对是关于方才提到的对IRR的不同看法。我为弄懂IRR花费了许多功夫，但住信那些曾经让我紧张的银行员工反而不懂！住信方面宣称："IRR在日本没有意义！日本的土地只涨不跌，不用像美国那样计较什么租金收益。"斯塔恩斯听了便问："但你们总有某些计算方法吧？"结果发现一件惊人的事实：住信尽管对贷款担保比率或土地鉴定等有一定的评价基准，却从来没算过新企划案的整体获利率。

日本的房地产从战后似乎就一直不需要分析，只要借钱买土地，然后根本没什么好担心的，加上住信这样的大企业受到国家金融体系的保护，所以特别轻松。1986年，正是泡沫经济的巅峰，后来发生了尾上缝事件及伊藤万事件时，很多人都不敢相信日本的银行居然那么胡来，可是我却觉得事出必然。至于现在，"在日本不需要分析获利"的美好时光，应该已是昨日云烟。

与此同时，一向利用 IRR 等算式来精密分析房地产利益的美国房地产业界，也在进入 20 世纪 90 年代后尝到与日本一样的失败滋味，因此即便有 IRR 这些算式，实际上作为判断基准的还是人的感觉及猜测。以前我一直认为艺术凭的是感觉，商业是靠理性冷静的计算，但我发现，到头来双方依据的都是感觉与猜测。

1987 年，长达一年的交涉终于结束，住信与克罗集团签订了合作开发契约，我不再以兼职身份参与，而以全职员工的角色从秋天起至神户时尚会展中心的企划事务所上班。每天我前往住信事务所，与从达拉斯派来的会展中心专家一起见各家服饰制造商的业务员，不然就是与设计师讨论。1991 年十月开幕的神户时尚中心一跃成为关西地区最大的会展中心，而整个企业案从设计到交涉等种种过程，则让我上了一次"商业学校"。

我把本行的篾庵艺术经销交给经理负责，自己全心全力投入会展中心的工作，克罗偶尔会打电话来激励我："做生意很好玩吧！"我觉得确实如此，所以才会从艺术的路途一头栽进房地产这条岔路上。我觉得好玩是因为受到克罗先生的魅力吸引。他提拔了我这个穷研究生，让一个没背景没经验的外行人承担重任，这份"恩情"难忘。对克罗先生有这种感受的不只是我而已，由于他对每一个人都充分授权、完全信任，员工总忍不住会"爱"上他，也因此克罗集团有别于一般美国公司，员工的流动率很低。在克罗先生"爱"的天罗地网下，我也无处可逃。

1988年的某一个夏日,我穿着闷热的西装、手提公事包搭乘大阪的地铁,忽然想起了第一次见到克罗先生时的情景,当时我们一开始谈的不是艺术,而是大阪的工作。五年后,我完全成了他在与我见面的那十分钟内期待我成为的人。

1988年,住信的西先生在沉重的工作压力下,终于扛不住了,一位作风传统的银行员接任了他的工作。至于达拉斯这边,也派了一位专案经理来日本。这位经理与住信的银行员产生了很严重的对立,我夹在中间左右为难,但也从中学到了许多的经验。

譬如,我一向认为"美国人际关系比较平等,日本比较阶级化",但实际上,在公司组织内,日本的部长在指导下属的时候反而比较柔性,例如西先生就会对斯塔恩斯说:"我同意你的看法,可是我的部下不同意,所以我没办法答应。"当然这有时候可能是谈判场合上的借口,但不可否认的是,西先生的确很尊重他的部下,他让部下拥有决定权。相对之下,美国公司则更像是一种"军队"化组织,上司拥有绝对权力,下属只能听命行事。这样看来,在公司组织上,日本反而还比较民主。

枕边的《论语》

克罗常说:"多看亚洲艺术品,就知道亚洲人是怎么做生意的。"不过我和他相反,我是从生意中去了解艺术与文学。

那段时间,我又开始翻阅《论语》。大学时完全不能体会书中所言，可是当我在住信事务所里工作，孔子的话突然又在我心里响起。他说："事君数，斯辱矣。朋友数，斯疏矣。"意思是"侍奉君主太过劝谏的话，臣下就会自取其辱。与朋友交往太过规劝，朋友就会疏远"。后来我养成了睡前读一点《论语》的习惯，觉得自己对于儒家理想中的上下关系、朋友关系和日本社会中的尊卑关系、规矩的效用等，都逐渐心领神会。

1989年一月，我终于又回到了艺术工作上。我辞掉了神户时尚中心的企划工作，去达拉斯为克罗先生的翡翠收藏出版专书。那时候泡沫经济还在延续，克罗集团底下的"崔梅尔·克罗风险投资公司"（Trammel Crow Ventures）为日本的资金寻找出口，将美国的投资标的介绍给日本投资家。当时日本委交给克罗集团的投资与融资金额已经超过1000亿日元，有必要在东京成立一个联络处。

1989年秋天，我成为克罗风险投资公司驻东京办事处代表，以前在埃及大使馆工作的老朋友千田和枝小姐刚好那时候变成了自由身，我便拜托她当我的秘书。她的到来，开启了我工作生涯中最有趣的时光。克罗风险投资公司的工作范畴包括金融与投资两方面，因此往来的对象无非寿险公司、银行及建筑商等。1989年秋天的日经股票平均指数已经攀升到了37000千点以上，日元很不值钱，"百亿""数百亿"这样的字眼，大家都轻轻松松地就说出口，而流向美国房地产的投资金额则仿佛永无上限。

但从第二年起情况忽然急转直下，1990年的一月起全球金融崩盘大戏开演，日股一路暴跌，到了1993年春天来到2万点左右的低迷行情。20世纪80年代，美国房地产兴建已供过于求，市场也陷入了低迷。唐纳德·特朗普等大公司纷纷倒闭，情况严重到了被比喻为房地产业界的"车诺比事件"。克罗集团的规模将近是唐纳德·特朗普公司的十倍，面对的问题也是十倍。

克罗信任并重用像我这样的年轻人，放手让我们去闯，但这种作风存有风险。幸好近年来克罗集团已经慢慢从低迷的办公大楼困境中解套，不过整个集团经历过组织瘦身，作风也转趋保守。传奇人物崔梅尔·克罗从决策高层中淡出，或许20世纪90年代再也不允许传奇的存在。

那两年，我也懂得了许多事，比如该如何解读日本报纸。一开始我很认真地看《日经新闻》，但总觉得《日经新闻》的报道避重就轻，而且这种感觉愈来愈强烈。例如，当日股开始下跌的时候，《日经新闻》只字不提，只在第五版的下方栏位用一行小小的字写着"股票市场不够活跃"，可是我买了《夕刊富士》一看，上头清楚地印着大大的"股票暴跌！"，而其他英文报纸也都做了详细报道。《日经新闻》之所以不能如实传达股票市场的实况，或许是受限于什么新闻报道的规范吧，我一直觉得"不够活跃"的字眼轻描淡写的时候，某天我在《夕刊富士》上看见了一则银行员因为借钱玩股票而失踪的消息，当时心底警钟大响，暗呼："状况发生了！"现在我还记得那时候的感觉。在那之前我借了不少钱去买艺术品，到那一天看到新闻后，我便拼命减低借款水位，虽然克罗曾说："借贷是致富之母。"可是那毕竟是 20 世纪 80 年代的泡沫经济，如果当时我没有还清贷款，后果将不可收拾。感谢《夕刊富士》，在泡沫完全破掉前我还清了所有借贷。

现在我如果想知道官方意见，我就读《日经新闻》；想知道真实的情况或突然发生了什么重大事情，就读英文版《亚洲华尔街日报》或《夕刊富士》等日本的一般大众报纸。日本新闻报道的"规范"似乎还没有限制到一般大众报纸与英文报纸头上，特别是《夕刊富士》非常好看，我很喜欢（如果在大阪，《大阪新闻》也很不错）。

那一次的经济危机让我注意到美日两国面对泡沫经济时所呈现的非常不同的反应：日本的经济基础其实非常扎实，制造业及贸易业都很稳，反观美国则病入膏肓，美国经济已掉入难以脱身的泥沼中。但即便如此，日本反而受到了更大创伤。

因为美国经济已经历过多次经济波动。在 1970 年的房地产低迷时期，那时崔梅尔·克罗集团面临的危机比这一次更大，几乎倒闭。可是美国经济在挺过了 20 世纪 70 年代的低迷之后，迎来了 80 年代的快速成长，因此美国人已经了解，股票与房地产市场都会经历一定的经济波动。

而日本，战后并未经历这些，除了短暂的"石油危机"期间，日本的股票与房地产业界一路都是"涨、涨、涨"，除了这个字眼外，不需要认识别的字，因此大家的心态就像住信人当初对斯塔恩斯说的："这里是日本，土地只涨不跌。"当股票与土地开始暴跌后，大家便吓呆了。《日经新闻》当时恐怕也吃了不少苦头，他们的字典从来没有收录过"跌"这个字，忽然间要把股票暴跌的惨况化为活字刊出，可能也费了一番力气。

重返艺术世界

　　市面上已经有不少书籍讨论泡沫经济的原因，以及美日两国的经济比较，我也不必多说。既然我的专长是艺术，我想来谈几点个人观察到的办公环境。

　　崔梅尔·克罗集团在东京的办事处非常小，只有十几坪而已，员工就我和千田小姐两个人。时常有人来访后赞不绝口："你们办公室好漂亮，不愧是外商公司！"但我和千田小姐两人却百思不解，我们到底是哪一点像外商公司。最后，我们得出一个结论，或许是因为我们的办公室不太凌乱，所以让大家觉得我们很"外商"。

　　不知道为什么，日本企业不太擅长空间管理，有时建筑物或办公室明明是新的，大家还是在桌上堆满了资料和箱子，让整个空间看来十分杂乱。我认为，问题出在资料的归档上。日本的企业迟迟无法建立起归档系统，因为根本就没有专门负责归档的人。公司里的高层每天忙得要命，没有时间归档，而所谓"秘书室"的人又缺乏经验，不懂怎么归档。

　　在这方面，欧美老早就确立了"秘书"这门行业的内容。所谓"秘书"并不是笼统地面对整间公司的需求，而是跟在一个或两个人身边，专门负责对方的行程与资料；一流秘书无须主管多下指示，就能自行判断是否需要写信、打电话与制档归档。千田小姐具有常年在埃及大使馆担任大使秘书的经历，在我注意到之前，她永远都已经自己一个人处理好了公司的所有事务问题。托她的福，我们办公室永远井然有序。

但日本办公环境如此杂然不堪，并不单纯是因为没有秘书。日本全国上下，无论办公室或家里，永远都是装满了东西，这应该是一直以来的陋习。无论是四国铺着茅草的旧民宅还是东京最新的高级公寓，一样被挤得满满的。这似乎就是日本的生活实况。在我看来，或许"茶室"就是在这样的环境中应运而生的，或许是室町时代的茶人再也受不了紊乱的生活环境，才蓄意打造出什么都没有的素简茶室。"杂多"与"素简"是日本文化里的两极空间，而办公室则应该是介于这两极中间的"整顿过的空间"，但这种空间在日本似乎很难落实。

之前我就提到过，我第一次走进位于达拉斯的克罗集团办公室时，就觉得惊艳无比。里头陈列了各种艺术品，好似一个美术馆。因为克罗先生认为办公室要有美感。而这不只是他一个人的理念，欧美各大公司无不致力于美化办公环境，这在欧美是普遍的做法。东京的外商公司也会摆放绘画或民艺品，把柜台及办公室装点得有趣动人。相较之下，日本企业的办公室无疑是沙漠。我曾经在两年内拜访过一百多家日本公司，没有任何一家让人觉得"美"。

走进外商的办公室时常可以看见屏风，但日本办公室就算摆设艺术品，也绝不会摆出日本的老东西。这真是很不可思议的现象，我至今仍大惑不解。最近，我因为工作的关系常去泰国与中国香港，发现香港的办公室里会摆设中国青瓷与书画，曼谷的公司也会在赚钱之后装点上泰国雕塑与花瓶，他们都对自己的文化抱持骄傲——为什么日本人就要抛弃自己的老东西呢？虽然日本企业横扫全球、大获成功，但在生活环境上却输给了泰国与中国香港。

20世纪90年代，泡沫经济破灭的影响层面更广，日本投资海外房地产的资金骤减，崔梅尔·克罗风险投资公司已无需特别在东京设置办事处，因此1991年年底，我便把东京的办事处收掉，迁回箧庵有限会社位于龟冈的事务所。当时我只需要电话及传真机就可以处理工作，于是我重新怀念起了艺术的美好。因为泡沫经济的影响，之前价格暴涨的艺术品跌回了原始水平，这是一个极佳的下手机会，我开始努力降低房地产工作的比例，将重心移回艺术上。

我的商业生涯正好与泡沫经济时代重叠。在快速崛起的怪人崔梅尔·克罗的提拔下，我有机会在七年的时间里接触到神户的时尚中心企划及东京的金融圈。那段日子，就算不想我也得努力精进"现实造诣"，那么，所谓的"现实"到底是什么呢？

传奇人物崔梅尔·克罗到了晚年还得面临事业危机，时代已经不站在克罗这一边了。今后美国房地产业界再也不可能出现像克罗那样的人物，光靠"爱"已经撑不住90年代的企业，今后将是只看"努力"与"IRR"的时代。另一方面，东京金融街也在沼泽中努力求生，别说是"几百亿"的海外投资，就连日本企业是否能好好存活下来,都叫证券商跟银行员担心不已。

回到龟冈的家中,我环顾着我满室的收藏品,心想:"只有这些东西不会变,美的世界里没有循环。"而所谓"现实",正如古文中所写:"嚼舌淫逸不长久,恰如春夜梦一场;强梁霸道终殄灭,恰似风前尘土扬。"(《平家物语·上卷》)

第九章

关西七景

遇见京都塔，请闭眼

关东好还是关西好？这个问题在我的朋友圈里意外地引起了激烈争论。关东人说关西人的性格令人难以忍受，关西人说关东很伤眼睛。

小时候我住在横滨，大学时在庆应大学留学，后来又因为接触歌舞伎以及为崔梅尔·克罗集团工作，时常跑东京，有时候干脆住在那里，前前后后加起来总共在东京生活了七八年。1977年之后，我虽然还是经常待在东京，但是我大部分时间是住在京都附近的龟冈。1991年年底，我决定退掉已经住了很久的东京公寓搬回龟冈，于我而言，我还是觉得关西比较好。

说是关西，其实指的是近畿。近畿有近畿的一套文化。现在，不管我们走到日本哪个地方，眼前所见全是一样的小钢珠店、一样的商业街和一样的多用途市民文化中心。每个地方都"要上不下"的，没有一丝属于当地的味道。这种"要上不下"

的洪水已经淹没了日本列岛，把日本列岛的美与独特性冲刷得一干二净。在这片恶水里，近畿就像是漂浮在水上的一座孤岛，然而每年水位不断上升，近畿总有一天也会被淹没……

这16年来，常有朋友要我带他们去观光，我因此去过了很多地方，最近也为市面上的旅游书籍写了京都篇与奈良篇，不小心就变成了"观光达人"。现在我总情不自禁地从导游角度去看关西，接下来，便是"关西七景巡礼"时间。

首先让我到京都车站去接客人吧。欢迎来到京都。第一次来京都的人总会一眼就看见京都塔，然后问："那个奇怪的塔是什么？"我说："因为京都人嫌京都的建筑风格太老气，所以就建了一座高塔来向全世界展现他们的现代性。""他们觉得这种塔很现代？没有人反对吗？"我说："当然有呀，但是市长很努力地排除了异议。算了，它不属于我的私人珍藏七景之中，走吧，我们观光去！"

三十三间堂也不在我的七景名单内，不过我们还是可以绕过去欣赏镰仓时代的雕像。三十三间堂的镰仓雕像虽然很棒，但门口永远停满了旅游巴士，一群又一群的国中生与各地来的游客像潮水一样涌来。客人说："这里怎么好像客运总站一样？你可不可以带我去看点更有京都味的地方？"游客有点不太开心。我们这就步行到附近的六波罗蜜寺去，开启旅行的第一站！

六波罗蜜寺是一间小寺院，位于东山松原的巷弄里。那一带街景传统古意，三三两两错落着卖茶和点心的小商店，给人的感觉就是"游客不会来附近的寺院"。六波罗蜜寺与平清盛很有渊源,是京都现存最古老的建筑物之一。走进寺内,里头供奉着一尊平清盛像,正坐着读经,神情悲哀。在他那哀伤的神情里隐藏着激动、现实、线条美与人生的恐怖险境,镰仓雕刻的精髓完全浓缩在了这一尊雕像里头。

关东地区的每座城市与每个区划里,虽然都有一座用玻璃堆砌起来、设计大胆的公立美术馆,可是里头却是空空荡荡的。京都却连这种隐身在小巷弄里的小寺院,都有傲视全球的精湛艺术品在里头安静悠眠。

如果你住在文化根底深厚的近畿,就会有这样的发现:例如,奈良的法华寺附近有一间叫做海龙王寺的寺院,附近没什么特别吸引人的景观,平整的水田、电线、住宅与小钢珠店,都是些典型的大和平原风貌,在今日的日本随处可见。海龙王寺的建筑也不算古老,但妙的是它的小佛堂中有一座奈良时代的小型五重塔,被认为是目前全球最早的建筑原型。这座小型五重塔在时代的大河里漂漂荡荡,于某个机缘下流转到了这间小寺院的佛堂中,让我们感受到其实历史巨河就在身边流动。

以"茶道"统整为一的京都

第二站我们将来到我的"秘密基地"——位于六波罗蜜寺附近的日下先生的装裱行。我曾在第四章《美术收藏》里介绍过他,今天我们要来他的店里探一探。

一抵达窄小的店门口,立刻会发现入口旁有个雅致的陈设窗，但见一个朱漆矮台上摆了一件葫芦形花瓶，瓶口中柔挺地插着单花。花旁挂着一幅水墨画，画的是巧雀。这个窗口可以说是日下先生的游戏空间，他会找来花朵、挑几样器物搭配，娱乐附近邻居的眼睛。

走进店里，日下先生正坐在堆得满坑满谷的屏风及挂轴之间。我今天也拿了一幅书法挂轴来，上头的字大家都看不懂，可是这位老先生却流畅地念出了上头的江户时代变体假名，告诉我："这是近江八景之一啦。"接着我们开始聊起了装裱，日下先生说："这字与茶道有关系，你要用竹屋町布去做隔水[①]。"说着便从架子上拿出了25年前买的竹屋町布给我看。我们越聊越起劲，从竹屋町布的织法聊到轴头的涂漆、布的染色、近江八景与四季花卉……年近90岁的日下先生懂的绝对比学者还多。

这位"学者之上的学者"不过是位京都的老师傅，他们这些行业的世界无比宽广、深奥至极：做涂漆的、做轴箱的，在一起切磋研究，携手在"美的世界"里玩耍。那个美的世界是只有京都才有的看不见的快乐天堂。

我相信京都里的这种"工艺聚落"的规模与性质，在全世界一定屈指可数。京都的各种传统工艺环环相扣，从屏风的制作过程中就可以窥看仔细。

首先要先找木工做屏风的骨架，接着把纸行送来的美浓纸粘在骨架上，拿起从毛刷店买回来的特殊毛刷将画上面的褶皱

---

① 装裱的作品主体上下镶粘的材料。

刷平，再用浆糊店特别调制的浆糊为画湿裱。裱好了之后，把画贴在涂过柿涩店里买来的柿子水的干燥板上。一个月之后，拿起竹工艺店特制的刮刀把画从干燥板上刮起来，接着将画交给专业的画师；画师以金箔店制作的金箔以及向颜料行买来的日本画颜料修复画作；修好了以后，日下先生会把画贴在屏风上，再用染行提供的染料把布行送来的订制裱布染成想要的颜色，镶贴在画的周围；接着请漆屋把木边上漆，上完漆后将镶具店里买来的镶料镶进屏风，这样才算大功告成。要是挂轴的话还得再请箱盒店制作桐箱、请茶道老师在桐箱上写箱书……细微末节没完没了。

我方才把茶道老师也列入了"工艺师傅"里头，因为京都所有工艺几乎都是被茶道统整起来的，这是个很有趣的现象。屏风及挂轴迎合茶道老师的喜好制作成能搭配茶道老师家庭院与花卉的样式。乍看之下，日下先生在窗景里摆设的花好像与装裱业没什么关系，可是由于那花展现出了茶道的意趣，因此在某种含义上，那是一扇通往工艺之路的正确窗子。

关东当然也有很优秀的师傅，但关东的师傅单打独斗，属于他们的那个工艺师傅的共同世界早已在现代社会中瓦解：独栋住宅变成了高楼大厦，没了可以发挥玩兴的陈设窗，和自己有共同兴趣的人分散在广大的关东各个角落，于是与同好之间的交流机会日渐减少。

走出日下先生的店，我们还会在京都四处晃悠，不过现在先让我们去第三景的"烤麻薯店"歇歇吧。位于北边的今宫神社旁，开了两间对门的烤麻薯老店，由于交通不便加上气氛稍显冷清，这个地方没什么游客，但这里可是京都通的心头好呢。烤麻薯就是把麻薯用竹签串起来，沾上甜味噌酱，然后放在炭火上轻烤的一种小点心。走进吱吱作响的老屋子，坐在榻榻米房里轻松地吃着甘甜的烤麻薯，与友人闲话家常。屋外寒风凛冽，屋内却温暖如春，舒适无比，好像来到了亲戚的家，忘却了烦扰，卸下了疲倦，整个人都陶然起来。

烤麻薯店一点也不气派，榻榻米旧到发黑，庭院也没怎么整理，散发出一股"Poor"的味道，但就是这种味道在现代日本难能可贵。"富裕"的日本无论走到哪里都是铜臭味，到处漂亮过了头，像是完美的无菌室一样，可清亮的榻榻米和洁白的木头并不一定就是美，奢华的环境也不是令人放松的单一选项。在我们的心底，一定对"Poor"怀抱着一种莫名的安心感。

我选择用英文"Poor"来表达，因为现代日语里似乎没有可以完整对应的单字。不过我想说的是近似于茶道"侘寂"的精神。在关东地区，认为什么都是越来越好，这样的场域如凤毛麟角，但在关西——尤其是奈良，还有许多充满侘寂意境的地方，让人的心情自在从容。

自我厌恶的京都

我相信很多朋友都知道，京都这个地方已经病了。就以侘寂精神来说，走进京都的传统文化与艺术中心时，眼前所见的是什么？是吊挂着水晶灯和铺满大理石的大厅，是耀眼的室内装潢。依我看，这种建筑物正是京都堕落的症候，连一座象征艺术中心的建筑也是这种风格，京都真是病得不轻。

我搬来京都没多久，便发现京都有这样的"毛病"。我问朋友："京都是从什么时候开始堕落的？"没想到朋友们说："大概从江户初期吧。"什么！那不就是政治中心被转移到江户的时候吗？所以从那时起，京都一直深深地嫉妒东京，明治时期连首都的地位也被东京夺了去后，京都更陷入了自我厌恶的情绪中。

京都厌京都，这搞不好是全球所有文化城市中的唯一特例。罗马爱罗马，北京即使遭受过"文革"重创，北京人依然热爱北京，唯有京都人怎么也受不了京都竟然不是东京，拼命向东京看齐，同时也自惭形愧，怎么追也追不上。

也难怪外地人一到了京都车站要对京都塔感到诧异了。日本其他城镇（例如奈良周边）虽然也开发得奇丑无比，但至少那是不像京都一样刻意扮丑。京都蓄意在破坏京都文化，京都市长为了打破栉比鳞次的屋瓦天际线，刻意造了座京都塔；禅寺僧人在枯山水庭院旁架设扩音器；传统文艺组织打造了用混凝土与大理石堆砌起来的高楼。此刻，京都市政府还如火如荼地正在推动京都大饭店与车站大厦兴建案，背后驱动的都是一股对东京的仇嫉。即使反对声浪再高也起不了作用吧，毕竟连京都市民也觉得京都塔和大理石大厅非常"现代"。

十几年来，在这种蓄意破坏下，大部分的京都巷弄都已经变得与东京一样无趣,从这个角度来看,关东与关西已不需要再去比较了,因为两者已趋于相同了。

带着股惆怅心情,让我为你们继续导游。刚在烤麻薯店暖和了身子,接下来让我们往更北走,去第四站圆通寺。圆通寺拥有最棒的庭院手法"借景"。沿着狭长的走廊向前走,里头景致豁然开朗,檐廊前的庭院里长满成片的绿苔绒毯,苔青间错落着平坦的石片。我们低头欣赏着绿苔与石片,忽觉后方的视线被边墙挡住了,一抬眼,只见边墙后是成片的竹林,顺着竹林往上看,远方的比睿山像被框住了一样镶框在两棵松树之间。内庭与外景互映成趣,和谐雅致。

日本的街道景观杂无章法,即使住宅或大楼设计得不错,也没办法把外头的景色引入家中,推开窗,电线与招牌就映入眼帘。但即便是这样,京都还是有很多地方拥有内外融合的风情。

这十几年来,我时常跑去圆通寺,最爱的就是静静地坐在那清静的檐廊边,欣赏着眼前的美景,一待就是几个小时,心境平和地度过美好安宁的好时光。可是,最近我和我的朋友一起去那儿,发现它已经和以前不一样了,连圆通寺也染上了京都热病。美景依旧在,但"清静的檐廊边"却再也不清静,录音机播放着主持的解说,非常恼人。在这种环境下,我朋友很难静下心来,没多久我们就离开了。

对于外国的游客,我常建议他们携带三样旅游神器:一样是方便穿脱的鞋子,以便进出日本的建筑物;一样是宽松的裤子或裙子,坐在榻榻米上时比较舒服;最后一样则是逃脱禅寺噪音用的耳塞。龙安寺这一点尤为明显，不知道是不是因为收到太多外国人的投诉，解说广播播放得没有那么频繁了。我常在带着外国友人闲逛京都时被问："日本人是不是对声音很迟钝呀，还是他们觉得庭院很无聊？怎么那么喜欢听解说？"我总是语塞。与其说是日本游客忍受不了空寂，不如说是禅寺主持的心态比较费解。龙安寺入场券的背面印着"静观心眼，自问自答"，但寺方似乎早已忘了这道理。

京都的"静"尽管逐渐被尘嚣给取代了，但（除了禅寺）还有很多地方保留了一方清静——智积院的庭院、鸭川河畔……可以逃离日常喧嚣的地方还有很多，在东京几乎就完全不可能了。

"日本最便宜的剧场"

圆通寺的庭院是京都之旅的最后一站。先休息一晚，明天让我们去大阪吧。

大阪是我最喜欢的日本城市，这城市不美，但这城市的人太可爱了！大阪话有种独特的人情味，虽然东京人老是被大阪话的粗鲁吓一跳，但一定还有很多人和我一样，觉得大阪话里有种浓厚的温情。这种语言里的"人味儿"想必不是偶然，而是在不输给东京的浩瀚岁月里锻炼起来的人性。京都虽然已经"病"了，大阪却还很健康。

探索人情味的第五站，我们要从釜釜崎这个地方出发。这是位于大阪心脏、距离通天阁很近的区域,住满了寻找零工的人、弃世者、黑社会和酒鬼等,一群被社会遗弃的人。对外人来讲这地方不太安全,因此我们请了一个来自大阪的朋友阿聪带路。这一带确实很奇妙,我们首先到"全日本最便宜的剧场"探一探吧。门票200日元(坐垫多加50日元)。涂白了脸的下町演员在舞台上又唱又跳,观众拿着酒瓶和香烟走到台前递给演员,戏演完了,演员还会出来到门口送客呢。

附近有个市场,有许多奇奇怪怪的东西出售,比如说旧内衣还有只有一只脚的鞋子。路旁有人站在格子窗外入迷地看着里头的人下棋。这个地区充满了能量与情感,与现在的日本大不相同,人们喊、人们叫、人们又哭又笑!这里的市井性格甚至比京都还独特。

文化观察家唐纳德·里奇(Donald Richie)说过很有趣的话:"以前的日本人不像今天这么顽固,从前的人很有弹性,但在几百年动荡的内乱后逐渐走向军国道路,到了江户时代后更是完全尊崇武士精神,所影响的层面不止是武士阶层,连底下受到直接管辖的农民也被训练得一板一眼,只有城市里的人们可以从这个束缚中稍微解脱。现今被称为'下町'的地带还与一般日本不太一样,下町人多半仍心胸爽直。"这个看法我十分认同。

东京虽然有很有趣的下町历史,但现今东京的下町却不太活泼,因为已然变质成了"房地产"。至于大阪,几乎整个城市都还可以算是"下町",包括刚刚提及的釜崎。这里是不受外界那一套"规矩"束缚的村镇,自古流传下来的开放心胸今日仍生生不息,所以,大阪腔才会有那股暖心的魔力。

釜釜崎还有另一个特色——外国人多。不光是多而已,还融入了这里的社会。日本这个国家,整体而言并不接受外国人,从"尊王攘夷"的时代到现在,基本上没什么改变。举例来说,我在东京赤坂租房子时曾经一路受挫,因为大家都"不租给外国人",哪怕我这个已经在日本住了二十几年的老外,一般公寓还是不肯租给我。最后,我找到了一间专门出租给外国人的公寓,尽管还是住在赤坂,却与"被流放到外岛"差不多。

即使连这样的东京,下町地区还是对外国人比较友善,因而最近出现了一股很奇妙的趋势。过去东京的外国人选择住在西南边(麻布、涩谷、世田谷、杉并等区),最近则流行住在江东区、江户川区与池袋等地。如果将来我还要搬到东京,我想住在日暮里或莺谷一带。

和东京的下町一样,釜釜崎也住了很多年轻生意人(在街头画画或卖项链的年轻人)与外国劳工,甚至有美国黑人开的餐厅。在日本,除了这里还有哪里找得到黑人经营的餐厅呢?

釜釜崎一带保留着日本最后的"游郭"——飞田。在被称为"游郭"的妓院区里,一家家妓户挂上了暖帘,后头坐着一个年轻的女人与一个年长妇人,两人围着火炉坐在玄关里,整个画面看起来好像歌舞伎的场景,但这不是个"到处都有"的场景,只有在大阪才见得到。

京都的传统文化精神可说是日暮西山,但对文化遗迹的保护意识却很强烈——大阪还保存着生机盎然的江户町民文化，却没有人意识到这点。京都与大阪的不同就在于一个是生病的文化，而另一个是健康的文化。我个人对病入膏肓的京都只有徒呼负负，但希望大阪永远健健康康。

釜崎绝对不是天堂，它是充斥着贫穷、犯罪和暴力的地方。这段旅程有些刺激又令人苦痛，接下来，让我们开启一段阳光灿烂的旅途。第六景——自驾游，欣赏路途风景。一路向西，飞驰过了西宫、夙川、芦屋后，开始看见山坡上出现一道道围墙，占地广大的私人土地上绿树丛茂、宅邸优雅，是个与釜崎截然不同的世界。我们继续往上，最后来到芦屋的最高处奥池。

以前我帮崔梅尔·克罗工作的时候，曾经在奥池住了将近两年，这个漂亮的住宅区堪称是日本的比弗利山庄，过去这里是个堆满泥泞的蓄水池，近年来才被清理干净并开发成为高级住宅区。现在还有许多老松林，未经允许，禁止砍伐。奥池很多房子都设计得颇有意趣，以前我住的地方的隔壁就是安藤中雄的作品，每天看见那房子，我都很开心。住在这里后，我对日本的住宅重新燃起希望；和自然融为一体、自然美丽的山林、远眺大海、充实的生活，这些都是关西生活的特色。在东京的话，即使再富有，也没办法过着媲美奥池的生活。

遇见智慧之神

从整体上来看"关东与关西"，会发现关东无疑是整个日本的经济与文化中心，大阪的下町尽管多彩多姿，却已落后于时代的脚步。京都的京都塔与装潢着水晶灯及大理石的大厅则连文化的边都够不上，难怪东京的朋友会觉得关西是乡下地方。也许关西真的很有乡土气息，今后文化、戏剧与时尚中心也将还是在东京；然而关西有一样东西是东京没有的，那就是生活。我的东京朋友即使很有钱，也只能住在一间鸟笼般的小屋里，想出门散步，也不像京都四处有寺院的庭院可看，更没有卢屋那样壮丽的山景。东京下町的地价已经飙得太高，没办法继续过着步调缓慢的下町生活；而在关西，我们的生活会变得十分有趣。就算没什么钱，照样可以住在比弗利山庄。如果喜欢复古的生活，京都与奈良的深山里还有很多雅致的老房子或荒废的寺院，我有许多朋友都租了那样的房子，过着优雅的生活。

相比之下，东京人就是不断在鸽子房、地铁、电车及高楼大厦之间打转，好像没什么地方能让人静心坐下来。也正是因为没有时间休息，才发展了如此蓬勃的经济与文化！

但当我和朋友一起凝望奥池的景色，耳边听着松风吹过，发出咻咻的声音，我还是忍不住叹息了。果然我还是想住在真正舒适的房子里，过着有意思的生活。在奥池休息一晚，痛快呼吸着山林里的清新空气，整个人又神清气爽起来。

终于来到了旅程的最后一日，让我们去探访关西的文化源头——奈良。游客想去奈良公园游玩一下，所以我们到那里去逛一逛，接着开车绕了绕，寻访一下奈良周边的风景。我之前也说过，大和平原已经被破坏得差不多了，结果，游客扫兴而归。

电线与小钢珠店已成了日本风景的宿命。

奈良一带的寺院有一种独特的精神深深震撼着人们。它不同于京都的禅"艺"、大阪的人情味或卢屋的生活，这里是完全不同次元的存在——宗教。一到奈良，神道所说的"神世"或佛教所说的"净土"仿佛近在咫尺，在奈良北边的山里有间净琉璃寺，就展现了净土风华：寺院内，在一片绿意盎然中，净土之池澄澄含光，左右药师塔与九品阿弥陀堂好像曼陀罗般排列，一片自然山水与几何意象的曼陀罗之间毫不衅矜。人来了这里总是能受到净化，带着净土的清朗心情回家。

还有法华寺、室生寺、长谷寺等，全都散发着奈良的神秘感。最后要去的是我的第七个景点——般若寺。般若寺位于奈良公园以西大约四公里的地方，中式门檐朝上微微翘着，它有个非常高雅的入口。寺院的庭院里，大波斯菊已长得快和人一般高，长势很凶猛，几乎淹没了整个庭院；佛堂里，优美的文殊菩萨坐在狮子上，俯望着一片荒野般的大波斯菊。般若寺是日本少数供奉大智慧菩萨的寺院。

我从来没在东京遇见过智慧菩萨。首先，在忙碌的东京根本无暇去增长智慧！文殊菩萨中意的应该还是像奈良这样步调缓慢的地方。所以当经济与文化中心移往关东之际，观音菩萨、阿弥陀菩萨、弁才天菩萨统统都跟着去了，只有这文殊菩萨不肯搬家。谁管他经济还是文化啊，文殊菩萨可不想离开这一片大波斯菊。

悠然度过一段闲适时光后，终究还是得离开这里。走出大门，开车再次经过奈良杂沓的现代街道，看着电线与小钢珠店在身边流逝而过，心里头不禁又掂量起了关西与关东。我一开头说关西比较好，现在一想，关西也好，关东也罢，都一样无聊。追求"美"与"浪漫"的信徒恐怕不会再眷恋日本。现在仍还保留着自然的美好、不矫饰的人性与长满大波斯菊的庭院，虽然改变只是时间早晚的问题，但庆幸的是，至少它们现在仍然存在。如果现在想要在日本居住，我以为，还是关西比较适合。

第十章

五景巡礼续篇

伏见稻荷的朱赤世界

在上一章，我提到了"关西七景"，而这一章，我会以奈良为中心来写个续篇。大家对京都都很熟，不需要我再锦上添花，不过奈良则是个大家好像都有点熟，但其实根本不了解的地方。这么多年来，我一天到晚带朋友在近畿观光，逐渐发展出了一套我自己的私人"观光行程"。基本上，无论外国人或日本人来近畿旅行，总是期望能多接触一点日本文化，而日本文化残存最多的地方当然就在京都，所以一开始一定要从京都逛起。

白天时，我带客人去看京都的日本建筑、日本庭园、日本禅，品尝日本，到了晚上，游客可以尽情享用怀石料理，并体验异国风情，这样客人很快就习惯了京都独特的感性。那种感性是极端纤细而丰蕴的设计，优雅动人，而在那一切之上，则存在严格的做法与规范。

过了两三天后，客人一般会分成两种类型，一种是对日本文化完全着迷的人，一心只想体验日本文化。这些人，我会建议他们去禅寺体验坐禅，这样能更深入探索日本文化的活动；至于另一种人，则对我方才提到的"日本庭园""日本茶"等冠上了"日本"两字的诸多事物感到倦怠。这是一派容易受到纤细事物规范压迫的人群，不过这样的客人从来不会从口里吐出"压迫"两字，通常来说，他们自己也并未察觉，只是在他们的眼角边禁不住泄露出一丝疲惫，那可逃不出我这个曾经导览过许多人的老手的眼睛。

于是，我就带着他们一起去奈良。我的"奈良"可不只局限于奈良市内，还远及了所有包围奈良的原野与山地，包含宇治、大和、飞鸟、吉野和高野山等。由于我去奈良时一向从京都出发，去程在我的脑海里也被划入了"奈良"那一区。我的认定方式可能有点奇怪，总之对我来讲，京都车站以北是"京都"，车站以南、以东则是"奈良"。

出发前有一件事得提醒大家。大多数从京都开车前往奈良的人，走的都是京都车站南侧的国道一号线，我则奉劝大家那条路能避就避。为什么呢？很遗憾，那条路以丑恶的京都车站开始，在丑恶的奈良县厅结束，约一个半小时的车程里，映入眼帘的是仿佛没有终点的小钢珠店、混凝土建筑与缠绕到天荒地老的电线。我有时候不禁觉得，这名号堂皇的"国道一号线"，简直就是日本败坏自然与文化堕落的典型象征。

我可不希望客人也觉得很扫兴，所以不走这条路，而是沿着东山山麓走。山麓旁罗列着泉涌寺与东福寺等辽阔的大寺，散发出稍微不同于京都市内的气氛。这儿的寺院恢宏地往山脚边铺陈而去，游客也不太来，不晓得是不是因为这样，有种沉稳的气质。

接着离奈良虽然还有点距离，不过我们已经快抵达通往奈良之路的第一站——伏见稻荷大社。这里尽管归属于京都的神社体系，却与京都那些精确呈现线条美感的砂庭相去甚多。京都寺院的枯山水庭院一定会用墙围起来，观看的位置也被限制在单侧檐廊上，整体而言比较像是"请看这里！"的艺术展示品，而伏见稻荷神社的观看角度就没有这些问题，这是它的特征。

最前端的大鸟居[①]和本殿不足为奇，本殿后头有一列小的鸟居，大部分人都只走到这儿，然后带着些许失望的心情离开，可是伏见稻荷神社真正精彩的是在后头。再往山里走一会儿，立刻会发现刚才看到的小鸟居不过是此处的玄关，越往里走鸟居越大，一整列绵延往山上去，消失在视线的另一头。顺着丘陵或上或下的步道上，几千、几万座朱红色的鸟居永恒地伫立在那里，往前看是红，往后看也是红，没有其他人来，周围是静寂的、一大片朱红色的世界。

这个朱红色的世界，与京都的侘寂却又是不同次元的世界。朱红本就是道教颜色，在几千年前的中国商朝更被敬崇为神的颜色。《论语》中提到朱红的时候，也总是称其为"高贵之色"。孔子说："恶紫之夺朱也。"直译过来就是"（我）厌恶用紫

[①] 鸟居，类似牌坊的日本神社附属建筑，代表神域的入口，用于区分神栖息的神域和人类居住的世俗界。

色代替红色。"孔子认为紫色是邪恶的颜色,"恶紫之夺朱"暗喻的正是"以邪胜正,以异端充正理,令人十分担忧"。

日本的神教承传了中国的朱红,但不知道是不是这种颜色在日本的风土里太强烈了,后来的时代完全忘却了朱红的能量,幸而在这伏见稻荷神社里还能见到朱红以强烈、压倒性的气势,散发出道教的神秘气息。

再往前走一段,会碰到"冢"。这里的"冢"是石块或动物的雕像,这种奇特信仰很容易令人联想到印度教。这些奇形怪状的石头与动物雕像前摆了祭坛,供着五六粒米、一元硬币和迷你杯装清酒,甚至有吐着诡异火舌的日本蜡烛。有些冢比人还高,有些冢矮于膝盖;有的单独一尊,有的好几十尊窝成一堆。形状上有狐狸、马、蛇、犬、猫,甚至是鳄鱼,杂沓凌乱。这里是个与井然有序的京都文化截然不同的原始宗教世界,也不同于从某个特定场域观看的砂庭,你在伏见稻荷神社里得沿着山路往上走,走走停停的一个小时之间,感受才会逐渐深刻起来。有一次,我穿过一个又一个朱红色的鸟居,不小心迷失在冢堆里,慢慢分不清时间或方位。看着周遭的奇特景色,我的大脑逐渐混乱。同行的朋友开始害怕幽灵会现身,仓皇逃下了山。

我认为,伊势神宫是以最纯粹的造型让人体验到神道精神的地方。伊势神宫的建筑样式的确崇高而杰出,伏见稻荷神社则完全没办法与之较量建筑物的美感与格调。可是就"纯粹的造型"这一点来说,我认为伊势神宫稍微背离了神道的原点。

因为伊势神宫的神殿与围墙完全遵守左右对称的法则，一板一眼，从中不难看出受到了中国宫殿的配置概念影响。但纯粹日本的建筑与艺术其实并非如此中规中矩，反而是不对称的。日本的城市，除了模仿中国城市兴建的京都与奈良之外，其他的都是非对称配置，走到哪里盖到哪里，而不是提前通盘规划好的对称格局。

中国的对称式配置具有强烈的感染力，但日本人的随性配置也拥有独特的艺术性，就是从这种艺术性中衍生出了优美的版画与屏风画。伏见稻荷神社那一堆杂乱的"冢"应该归到哪一派？我想是纯粹的日本派。到了伏见稻荷神社，会让人觉得窥见了国家神道伊势与充满秩序之美的京都文化诞生前属于古远的道教与原始神道的世界。

禅界的异人馆——万福寺

见识了伏见稻荷神社的神道世界之后，我们继续往南走。下一站是我的私人景点第二站——万福寺。它位于宇治附近一个交通稍微不便的地点，没有很多游客来，然而这间万福寺非常特别，可以说是"禅界的异人馆"。

万福寺诞生于日本与中国的历史转换期。1650年左右，日本在江户幕府的治理下是个安定的和平国家，同时期的中国，正处于明朝覆灭，满族入主中原，取代汉族统治的重大历史时期。很长一段时间，中国官吏、艺术家与宗教人士，在强烈的屈辱感下持续抵抗满族所成立的清朝。这又是一种"恶紫之夺朱也"的心情。其中南方的黄檗山禅寺抗清尤其激烈,禅僧纷纷渡海来日,将他们热爱的明朝文化带到日本。

于是江户幕府开始引入儒学治世,勉力打造属于日本的正统文化。1659年,家纲将军赐了一块宽广的土地给黄檗隐元禅师,位于宇治附近,下令让他建造万福寺。隐元仙逝后,第二代的木庵、第三代的慧林,一直到江户中期第二十一代住持为止,全是中国人!规划日本的这些"规划僧",于日本活跃的同时也坚守原有的中国明朝传统。

万福寺的总门虽小,但极其富丽。立柱当然是朱色,屋顶分成三段,依拟中国市井里装饰的"牌楼"意趣。一走入寺内,明朝建筑元素处处可见,比如柚木柱、园窗、卍形栏杆与反翘的屋顶。

禅道这种东西,原本是将中国的严谨与玩心揉和而成,但京都的大德寺与其他禅寺只让人感受到属于禅严谨的那一面,见不到玩心,而万福寺的建筑就将这两者平衡得很好,挂在门上和墙上的字画出自隐元及木庵等人之手,充满了明朝高雅的气性。果然,里头还是存在着某种日本禅道所没有的"正统"气质。

在我看来,日本就像是珍珠贝。珍珠贝非常讨厌异物,连渺如微尘的细沙或小贝壳屑,一旦混进了贝肉里,马上会引起贝母反应,非得一层层把异物给包起来不可,最后就形成了漂亮的珍珠。虽然每一颗珍珠在大小及色泽上稍有差异,但整体而言是一致的,至于那作为珠核的沙子或贝壳屑,则早已在层层包裹下看不见原来的形状与颜色。

日本正是如此。对外来文化均视为异物加以"报复",成了一颗又一颗日本式的"珍珠"。这些"文化珍珠"集美好之大成,有些甚至比原物更精湛,但缺点是缺乏本质、沦于无趣。特别是京都,"原物"太少,所有庭院和建筑全都依循着日本的一套规矩,打造成光滑无瑕的"珍珠",也许这正是京都的弱点。当然万福寺也不是完全保有中国样式。江户时期,主持换成了日本人后,便开启了一连串包裹过程,它也稍微被"珍珠化"了。不过与一般日本寺院相比,万福寺还是相当忠实地呈现了中国样式,在日本十分稀罕。

万福寺还有另一个罕见的特色:日本人在将外国事物"珍珠化"的时候,尽管过程很复杂,但有一个重点就是不会在转换成新事物的过程中,将责任归为外国人。这种情况至现在还是一样。只要看一下有外国人任职的企业组织,不难发现外国人不过是"顾问"般的存在,最后的决策权永远掌握在日本人手中。不只是在日本国内,即使到了海外,日本企业依然不会给予当地员工实权,这也引来了许多问题。

至于以前是否曾有过真正在日本社会里很活跃的外国人,在我看来,日本的很多"国际化"场所都带着虚伪的气息。举个例子——长崎的出岛。出岛不过是日本人将外国人赶到同一个地方居住的手段。又以活跃于幕末的苏格兰商人格拉瓦[①]为

[①] 格拉瓦(Hhomas Blake Glover, 1838—1911),幕末军火商,曾资助坂本龙马等幕末志士,是明治维新之重要人物。

例,很遗憾地是,格拉瓦家的末代的确是在日本的宪兵队里被欺负死的。作为外国人群居地的神户异人馆地区,更只维持了一代。在这种情况下,万福寺居然能在保守的锁国时代,拥有长达百年、多达二十一任的中国住持,在日本史上算是个奇迹了。

贵族的任性——平等院

离开了"国际化"的万福寺,接着要前往第三站的纯粹之美的世界——平等院。平等院实在太有名了,大家联想到它的时候,不外乎是明信片或10元硬币上的影像,但只要你用心去欣赏,就会发现真实的平等院更加迷人。平等院的美丽由何而来?有人说因为它是平安时代少数留存下来的建筑之一;有人说是因为它展现了一方净土;也有人说因为它的外形像是一只从天而降的凤凰。这些说法都很有道理,但在我看来,平等院最美之处都不是上面所提到的这些。

平等院最迷人之处在于它既是佛寺,却又不是佛寺。从表面上看,它确实是一间寺院,但除了供养阿弥陀像的房间之外,其他空间看来都不适合作为佛寺使用。例如本堂后方相当于凤凰尾翼突出来的那个建筑物,除了用来彰显凤凰的尾翼之外,看不出它有其他用途。本堂的左右,相当于凤凰两侧羽翼,仔细观察就会发现——一楼的柱子是挑高的,里头全空,什么也没有;至于二楼也没搭上纸门或墙壁,无法住人,也不能摆放东西,因为门楣比人矮,人也不可能站在那边。有人说那个地方从前会有乐团坐着演奏,但除了这个作用之外,看来也没别的了。问题是乐团不会天天奏乐,因此那相当于凤凰两翼的地方纯粹就是装饰性质,是个无用的空间。

稍微扯远一点:以前在牛津大学留学时,我曾到贵族宅邸做过客。某天我在广阔的宅邸里散步,远远地便看见后头有片草坪,圆形草坪上矗立着一栋可爱的神殿,就像是从希腊神话中搬移过来的。我请教主人神殿的用途,主人说什么用途也没有呀,就只是"Folly"。"Folly"可译为任性、荒唐或戏耍。主人做了一件"Folly"之事,完全不在乎能带来什么样的宗教、政治、社交或艺术的回报,纯粹为满足玩兴而创造的一个白日梦的天地。

后来,我在英国各地也看到过各种"Folly":牛津大学的新学院花园里,有个异常杂芜的小高丘,坐落在一大片整理得很漂亮的草地上。那座小丘就是为了展现野生森林气息,故意设计的"Folly"。

反观日本,我们很难在日本找到"Folly"之趣。尽管不少庭院与建筑都极具心思巧意,但它们全在于满足某种功能,而非为了最奢侈的浪费——无用。特别是在禅的世界里,"无"虽然是最终极的追求,"无用"却被视为罪恶。庭院一定是为了冥想、精心与顿悟等崇高的目的而设计的。

因此,在京都的禅寺,你永远感到肃穆,而没有一点荒唐的玩心。在庭院里坐了一阵子后,你永远要付出一点精神代价。

京都的桂离宫也很近似某种"Folly",因为那是贵族为了自己的玩乐打造出来的游戏空间。不过桂离宫的休息区、露地（茶庭）和房间等，全是为了茶道而创造，因此我们在桂离宫里并不能完全放松，总觉得好像要喝杯茶才可以，而茶道是如此繁忙的天地，根本没时间让人做白日梦。

相比之下，平等院却是完全由平安贵族的恣意玩乐而成就出来的纯粹"Folly"。因此，我们看见平等院时，会觉得自己好像也同凤凰一起飞上了天，心壑忽然开朗。那股开放感肯定是平等院让人觉得想要亲近的原因，而那正出自于平安贵族的"任性"。

平安时代之后，日本社会在武士文化的常年影响下变得不容许"任性"与"嬉戏"，现代社会更进入一个比武士道社会更严厉的、追求"赚钱"的时代，"无用"越来越不被社会所接受。虽然偶尔也会出现像东京都庭那样的现代"Folly"，但那种近乎"无用"的建筑物相当罕见。况且东京都庭也不是为了"Folly"而建，表面上依旧是为了提供某种用途。

完美的杰作：南大门

逛完平等院，我们终于来到奈良市，那里我最喜欢的是东大寺的南大门，所以那里就是我们的第四站。一般来说，游客来奈良公园，就是为了一睹东大寺或春日大社的风采，只把南大门当成路上经过的一个建筑物。不过我认为春日大社与东大寺都稍微缺乏艺术性。通往春日大社之前的那段万灯笼路虽然很有意境，可是神社本身则不足一提，是江户时代的复原作品，让人觉得好像有哪里缺乏平衡感。这种感觉无疑就像京都的平安神宫，那也是个明治时代为了重现平安王朝风情而重建的作品，在比例上已然失真，是个"假冒品"而已，也可说是某种文化怪物。春日大社尽管不像平安神宫那么糟，可是也不会令人感受到藤原贵族的优雅气韵。

东大寺也是江户中期的复原作。可能是因为当时资金缺乏，木材也缺乏，因此建筑稍显廉杂——柱子并不是那种看上去很气派的整木，而是好几根木头聚集在一起的，至于建筑本身也仅有原来的三分之二，难怪大佛窝在里头显得挤了。大佛曾遭遇多次火灾，修修补补了好多次，如今，我们已经无从判断它到底是哪个时代建造的。因此，东大寺建筑恢宏、令人慑服，可是在完成度上，只能说是个有缺陷的庞然大物。

奈良公园里唯一的完美的作品当属南大门。那并不是奈良时代的作品，而是镰仓时代的重源上人为了重振多次烧毁的东大寺，而仿照中国宋朝建筑样式所兴建。宋代的建筑物完美融合了刚与柔，在优雅中见苍劲，即使在今日中国也所存不多。与东大寺不同的是，兴建南大门的时候木材充足，于是用上了高达21米的巨型大圆柱。顶头的那个厚沉屋顶，在这么结实的柱子支撑下也莫名显得轻巧了起来，尾端甚至还轻灵地翘向天空。

说起翘扬的屋顶，般若寺的楼门也同样采用了宋朝的建筑样式，因此可说是日本最美的楼门之一。我们回想一下平等院的建筑，会发现它那上扬的屋顶也带着宋朝的风韵。我刚才提到平等院的建筑会让人觉得自己仿佛也随着凤凰飞向天际，充满了开放感，而那股感受或许正来自反翘的屋顶。

从南大门、般若寺、平等院的建筑形态里都可以看到宋朝的建筑风格，而反翘屋顶原本并不是日本固有的风格，它源自东南亚，至今在当地仍寻常可见。泰国和缅甸的建筑物，屋顶垂到一定程度后便会转为火焰造型往天空反翘而去；中国古代并没有反翘屋顶，这种样式是从南洋传到中国，再从中国传至日本的。

撇开屋顶反翘的历史不管，南大门屋顶的上扬线条令人看了莫名舒服，反翘屋顶可能不只是一种装饰，它或许还反映了人们心底的某些深层次需求，然而这需求究竟是什么呢？有一回我请教了研究道教的学者约翰·布洛菲德（John Blofeld）先生，他是这么告诉我的：在从前，东南亚人认为盖屋子是件充满罪恶感的事，他们将柱子插在大地上、在上头铺上屋顶视为一种于天地不敬的行为，因此他们在建房子时会将屋檐反转朝上，以消减自己所犯下的过错。不光是东南亚文化中有这样的思想，也许在人们内心深处，建筑真的会让他们深感不安，所以，欧洲教堂也是高耸入云的尖塔形态。

可见南大门的悠然、般若寺楼门的清美和平等院的开放感，并非我们偶然的感受，而是看见上扬的屋顶时，意识到自己的罪孽已经获得释放，才会感到心安。

不过这种显著上扬的屋顶，很少在京都与奈良的佛教建筑物之外看到，日本似乎比较偏好平直的屋顶造型（特别是住宅与茶道建筑），这或许是自弥生时代以来所受到的民宅样式的影响。在日本，减少建房子带来的罪孽的方式是让屋檐尽量离地面更近。比较极端的做法就是弥生时代的竖穴式住宅。我那栋祖谷的民宅也在头上覆着一顶厚厚的茅草帽子，由远处看，它就像是一片贴着山坡长的草苔。这种与大地化为一体的日本做法也确实能给人带来抚慰。在日本，古时沿袭下来的茅草屋顶和由东南亚传来的轻快的上扬屋顶共同赋予了这个国家许许多多美妙的屋顶造型。在日本的许多古城，比如京都与奈良，才会拥有足以向世界炫耀的屋顶美景。

但很可惜，现在的京都和奈良却已逐渐将这种屋顶美景破坏了，让整个城市都变成大同小异的混凝土方盒。这是对天地的大不敬，总有一天要自食恶果。

我认为，屋顶隐藏着极大的象征意义，可以带来深远的精神影响。现代行政单位要毁灭京都与奈良的景致时，都是先从屋顶着手。京都的京都塔建造完成之后，整座城市的屋顶意象受到了致命斩伤。而奈良则在奈良公园旁盖了栋方方正正、有棱有角的混凝土怪兽——奈良县厅。那个县厅完工后，等于公开否定了南大门这些建筑物的屋顶线条之于现代的意义，奈良市在内的整片大和平原，早晚会全被小钢珠店给淹没。

我甚至觉得，住在京都和奈良的人，也许认为小钢珠店和混凝土盒子比南大门美得多？若是这样的结果，我真是很失落。果真是恶紫之夺朱也。

第十一章

奈良深山

奈良深山的文化面纱

在日本，四国的祖谷溪拥有最美丽的山景，而奈良的深山则拥有最神秘的山景。先来听听这些山的名字吧——吉野、高野、雄野、大宇陀、室生，真是充满了浪漫气息，让人心生憧憬。不过，奈良的浪漫有其难解之处，大自然之美在这个地方并不像祖谷一样，以纯粹的面貌直接撼动人心。奈良的山谷和森林与历史、文学、美术、宗教层层相叠交绕，若是仅凭肉眼，是无法看穿在层层文化面纱下，奈良深山的真实面貌的。面纱一层又一层，你必须带着宗教思想与诗性来掀开，然而掀到最后，在前方等待你的却是——神秘。

比如，我们现在正在吉野山中欣赏樱花。眼前粉嫩的春樱映入喜好歌舞伎的我眼中，我一下就联想到了静御前与狐狸对话的段子，于是眼前樱花霎时更显娇艳。

接着我想起了山伏信仰，眼前的吉野山忽而一转，变成了曼陀罗，这就是我所认为的奈良深山的神秘。

要解读奈良深山的神秘必须具备丰富的知识与精粹的感性，很多地方都未竟其明，因此奈良深山显得远比一般景区难以理解。也因此，尽管离大阪、京都等大都会很近，今日奈良深山仍旧残存着不少"神秘国度"，而探险神秘国度就是我的一大乐趣。

在探索深山之前，我想先说个例子，让大家感受一下奈良深山到底有多难理解。从地图上看，高野山正好位于大阪、奈良与伊势的中心，如果把整个大和地区看成一个曼陀罗，那么高野山就刚好位于曼陀罗的正中央。密教圣地高野山的位置就是如此特别，我一直没有机会去探险，直到1986年才在朋友的邀约下踏进高野山。

曾经有位僧人告诫我，绝对不能从正中间开始探索曼陀罗。他解释道，冥想曼陀罗的正确做法应该要从罗列在曼陀罗最外围的门与佛开始冥思，然后再一圈一圈往内绕。于是我决定参考这个观念，在进入高野山之前，先花三天由奈良南部与吉野山过去。离高野山越近，山势变得越高越险，通往山顶的沿途风景很美，让人心旷神怡。那时候我完全能体会徒步参拜一座座寺院的信徒心情，因为我也开始期待，也许曼陀罗正中央的圣地会有什么令人惊艳的发现，某种在充满都市"尘沙"的京都与奈良所没有的东西。

可是，抵达山顶后，却没有看见任何特别的东西。古寺很多，但山顶上已经发展成了一个小市井。随着社会的发展，山顶上的景观也与一般日本城市一样充满了铝门窗及荧光灯。曼陀罗中心遭到了日本"尘沙"浸染，这让我十分落寞，即使那现实其实并没有特别糟糕。

后来，我问过很多朋友对高野山的印象，他们都清楚记得上山时沿途看见的美景，对高野山本身则印象模糊。

暂且忘了高野山的俗世吧，我来到这里的目的，是为了一睹高野山上根本大塔的风采：在真言密教与天台密教的佛刹里，常可见到佛坛前有张桌子，桌上以曼陀罗的形状布设出密教法具。法绳围塑出形的空间，当中有金刚盘、三钴杵、藏铃、花瓶和食器等密教法具，被摆放成几何造型。这是一种称为"护摩"的密教特有做法，至于那方形空间有各种解释：一种说法认为，在几千年前的印度，方形空间被人们视为"小世界"[①]。这种"小世界"观点普及至全亚洲，影响了泰国与柬埔寨王朝的宫殿格局。在小世界中央，通常有一座神圣的"须弥山"。须弥山是湿婆神的山，也是世界的大林伽、天柱。在日本护摩法具中，我们常可看到一尊小塔，那就是用来象征须弥山的。而在真言密教里，那尊塔时常被视为高野山的"根本大塔"。

从前，我在大本教的日本传统艺术课程项目里帮忙时，有一次，大德寺的大龟禅师来访。正在这里学习日本文化的外国人问禅师："请问禅是什么？"大龟禅师回答："禅是宇宙的根本大塔。"我完全举手投降，不知道怎么翻译这根本大塔。

---

① 佛教的世界观点，每一个小世界中央有须弥山，聚集成小千世界、中千世界与大千世界。

那之后，根本大塔便以无法比拟的存在性烙印在我心底。而我也觉得很有趣，因为大龟禅师是禅宗的出家人，但他想到的却是真言密教的根本大塔。

现在，我终于要亲眼见识到这神秘的根本大塔了。可是，它却一点也不神秘！原始的建筑已在火灾中烧毁，眼前缩减的是昭和时期的还原建筑，在我看来它一点都不震撼人心。而且护摩做法里的根本大塔总是以法绳围塑出圣域，但眼前这高野山的根本大塔周围却没有任何区隔，只有一栋建筑孤零零地坐落在那里。

高野山的宝刹与墓地也在多次的改建与重建下变得没有完整性。前往隐身在苍蔼树林间的弘法大师御庙参拜的途中，可以看到大名家等尊贵者的墓地散布在阳光洒落的林荫下，还颇有味道。只是一到了终点气氛一变，眼前矗立在弘法大师御庙正前方的，不正是一栋新颖的钢筋混凝土建筑吗？那幢灯笼堂的设计尽管不至于太嚣张，但与周围的青苔、古木、老石一点都不协和。这在现代日本虽然是没有办法的事，可是看见灯笼堂的瞬间，密教的神秘性仍在我心里荡然无存了。

当晚，我们在高野山诸多寺刹中的金刚三昧院挂单。抵达时已是下午4点半，院方告知参拜时间到下午5点为止，我却已经提不起兴致参观。我想早点吃完饭，躲回房里休息看书。高野山里没什么好看的，我那时只觉得一身疲惫。

晚上，我和一位修行僧聊起来，他说："今天你们来得正是时候，看见那尊难得的佛像了吧？"我问："什么佛像？我明天带朋友去看。"没想到修行僧说:"这尊三昧院的佛像是第一次公开展览,只有少数特定信徒曾经看过,被誉为是500年的密佛呢!展览到今天5点而已,错过了这次,下回得再等500年啦。"

这真是我有史以来导览人生的大失败!我实在是羞耻得不知道该怎么告诉朋友,所以他到现在还不知道,自己只差30分钟。就可以见到瑰藏五百年的密佛了。

后来想想,其实没见到也好,见到了也未必真的叹服。无缘得见反而使得那已然无滋无味的高野山又重新染上一抹神秘。我终于在高野山感受到了所谓密教的"密",那是在根本大塔与钢筋混凝土的灯笼堂中所没有的气氛。

让我来说另一件事。我在第三章的《歌舞伎》里曾经提到一位包尔斯先生。包尔斯不但是位歌舞伎专家,同时也研究全球各种戏剧。也是因为工作的原因,他认识了女星葛丽泰·嘉宝[①]。有一天,他和嘉宝在纽约路上散步,遇到一位影迷来打招呼。那位影迷眼角泛泪地请嘉宝为他签名,可是嘉宝不假颜色地拒绝了。在影迷离开之后,包尔斯责怪她怎么不给影迷签名呢:"你对影迷太残酷了,给他签个名,他会珍惜一辈子呀。"但是嘉宝说:"才不会呢,我如果给他签名,他一下就不知道扔到哪儿去了,可是我不签的话,他就会一辈子渴望。"

我想密佛就好比嘉宝的签名吧,而我就像是那位影迷,错过了之后,永远将三昧院的密佛尊为全日本佛像之最。我欣喜

[①] 葛丽泰·嘉宝(Greta Garbo, 1905—1990),瑞典著名电影女星。

地发现，即使在以钢筋混凝土的灯笼堂来引进新风格的高野山上，依然存在着一些昏昏蒙蒙、触碰不及的东西，而就这层意义而言，整个日本无疑就像高野山，哪怕一眼望去已经变得索然无味，但核心里还存在着秘密。

超载艺术的"宗教"世界

尤其奈良地区的秘密又特别多，京都一带什么事情都要跟你说分明。走进书店里，关于禅文化、庭园、茶道的入门书籍随处可见；踏入佛寺，首先就递给你一张清清楚楚的说明书；坐在庭园边，耳朵里还得听着录音带不厌其烦的告诫，要"清心"啊、"无"啊等有的没的。假使这样你还不清楚自己在哪里，没关系，旁边就有一个金属招牌，用红色的字体告诉你，你在"重要文化财产 HITACHI"。

说到这儿，我有一件事一直不明白，为什么日本的文化财产会变成日立集团的宣传场所？这到底是从什么时候开始的？不晓得关东情形如何，但关西地区几乎所有被列为文化财产的建筑与庭园旁（有时甚至在正中央！）一定会在显眼处竖立一块"重要文化财产 HITACHI"的告示。我去法国时找不到任何一块"圣母院 RENAULT"的招牌，在意大利也没看过"米开朗基罗的大卫像 OLIVETTI"，最近我常去泰国旅行，从未在任何经典边上看到"玉佛寺 THACEMENT"之类的大企业名号。看来，把文化财产当成企业宣传场所的似乎只有日本。

这个现象，我推断其中一个原因是木、砂、土墙与青苔已经不能满足现代的日本人，如果他们在夜里没有看到任何金属招牌就会浑身不自在，可是为什么是"HITACHI"呢？明明"文化财产MITSUBISHI"念起来也很响亮，"文化财产SONY"听起来很国际化、也很时髦。会不会是日立集团和文化厅或佛教协会签订了什么协议？

京都的名胜景点除了"HITACHI"广告外，还以各种形式戮力于为游客解说。或许是解释得太详细了，我尽管也会在京都的佛阁寺院里感受到美的存在，但从不曾遇见神秘。相比之下，奈良就没有那样铺天盖地的文字与录音解说，即使有，听了也像没听一样。毕竟奈良是一个古代神道与密教文明的地区，那不是禅或茶道，不是用"说"就能向现代人解释分明的。

唐招提寺的"卢舍那佛"或大神神社的"伟大物主栉瓮玉命"，除了深入研究历史的人，谁会知道那是什么？可是不知道又有何所谓？古代神道、密教都属于无法辨见的神灵范畴，终究不是我们俗世人可以理解的。京都寺院的"侘寂"哲理再多，那都是"艺术"，奈良的遗址可是超越了艺术的"宗教"世界。即使连游客拥挤杂沓的奈良公园里，也有能令人感受到宗教神秘性的地方，譬如知名的三月堂。与门外喧嚣的奈良公园相比，这里无比沉谧，仿佛它是另一个世界。出神入化的"不空罥索观音"在日光与月光等一众菩萨围绕下，于高处舒首伫立，头上的黄金光芒在微暗中散发出震慑人心的灵界之光。走进佛堂前还嬉嬉笑笑的游客，踏入门内的瞬间立即压低了嗓子，因为不空罥索观音的佛光令人敬畏。但不空罥索观音究竟代表什么，这件事没几个人知道；至于她头上为什么会散发出强烈光芒，这也披上了层层面纱，使得那地方散发出非常强烈的神秘气息。

我很喜欢三月堂，但奈良公园对我来讲并不算奈良，所以我带朋友去奈良游玩时只会在奈良公园里晃一圈，接着马上离开奈良市。目的地是奈良深山，但在抵达深山前先到附近的寺院绕一绕。

不久之前，我都还一定会带朋友到秋叶寺去。那里在秋叶宫文仁亲王结婚前并没有游客去游玩，里头供养着的"技艺天"绝对是日本十大雕像杰作之一。技艺天是艺术之神，而我不曾在秋叶宫以外的寺院看过技艺天，或许这里的是日本唯一一尊艺术之神吧。那精致的容颜、略微侧弯的颈子、S形身态、上扬的手指，仿佛把玉三郎舞蹈时的那种"纯粹之美"全都浓缩在一尊雕像中。我不知道技艺天当初为什么被塑，而她在佛教的世界里又相当于什么存在，可是不愧是密教作品，这里头肯定潜藏着艺术之神的魂灵。

现实中的根本大塔

参观完了秋天宫，让我们往附近的南方山区走。顺着山麓，沿途欣赏左手边的"山边之道"（路名），一路向南。走这一带，可以暂时离开一下主路，到山脚下农村去探险一番。

右手边是大和平原，虽被誉为是日本文化的起点，可是说穿了，就是一个乡村。日本每个地区的乡村风情尽管不太一样，但是电线和小钢珠店还是到处都有。电线方面，据说最近奈良县政府正一步步努力把电线埋到地底下，但关于往昔曾是"神代"王国的大和平原如今却变成小钢珠王国，县政府似乎还没有对策。

前一阵子，我领着一位欧洲建筑家到四国与奈良游玩，想将优美的寺院与自然介绍给他，没想到他的目光却一直追随着小钢珠店。

"以前的神社佛寺都是已经逝去的遗迹，你看看京都的发展情况就知道现代日本人根本不在乎那些，但新的办公大楼和公寓又粗制滥造，而在这之中只有小钢珠店盖得最好！绚丽动人，简直是充满想象力的奇幻天地。虽然是坏品位，可是那坏品位不就是现代日本的写照？至少小钢珠店的品位坏得彻底，反而成了最认真、最吸引人的日本建筑物。"他这么告诉我。

当时我觉得那番话很刻薄，可是事后再去思考，却觉得他说得一针见血。回溯历史发展，奈良时代的文明正好是密教盛开的时代，不管艺术、思想或文学全染浸了密教的色彩，当权者纷纷投入密教，赋予了密教强大力量。中世之后，密教让位给净土宗与禅宗，尽管还保有天台密教与真言密教，但武士与艺术家所仰赖的无疑是禅的思想，所建构的无疑是禅的文化。直至今日，禅仍有相当的影响力，放眼日本在世界各地的文化活动，都不免看见禅与茶道的身影。

与此同时，全球各地信仰密教的人却也越来越多，可是他们信仰的不是日本密教，而是藏传密宗。日本的密教则早已不是文化主流，如今却只剩下了形式，否则高野山根本大塔怎么会那么寂寥，若非社会能量早已不再流向密教？

我们可以从遗迹中观察到每个时代的思想主流：奈良时代是密教寺院，中世是禅寺，明治时代则显然以车站建筑作为文化指标。那么，现代呢？我们走访欧洲或东南亚乡村时会发现，矗立在村子正中央最高的建筑物，绝对是教堂或寺院，它们都拥有上扬的屋顶。而在日本，乡村里最高的建筑物却是小钢珠店。坐在小钢珠台前已经成为现代的冥思方式，小钢珠台里的钉子则是现代的曼陀罗。冥想方法从古时候由外向内的曼陀罗冥想法，转变成顺着小钢珠跑的方向由上而下的新做法。色彩绚烂的小钢珠店灯火通明。"现代神殿"的停车场里塞满了信众的座车。

平民百姓把小钢珠店看得很重要，已是无需多言的事实，但连财经界与政务界也同样把小钢珠奉为圭臬。据说日本最有钱的人是制造小钢珠台的社长，而京都塔与京都其他文化新设施的风格要说偏向哪一边，那无疑是小钢珠风格。京都的新建筑物全都盖得灿灿烂烂、闪亮璀璨，而行政与传统文化组织，目前正用全部精力往小钢珠店的精神迈进。如此看来，小钢珠店根本是现代日本文化中的根本大塔！

让我们继续往南走，从奈良开车 20 分钟左右，已经抵达了崇神天皇陵与栉山古坟。大阪、奈良、飞鸟地区至今仍留有许多古坟与陵寝，而当中又以这两者最为迷人。虽然离马路很近，但后方的山却被划为国家公园，环境保护得很好，景色依然很优美。位于前方的是崇神天皇陵，四周挖出宽渠，前头漠然伫立着一道鸟居。周围有水田畦畦，后方则是"迷样古坟"栉山古坟。这里真的没有人来，永远都很安静。

夏日一到，田野便罩上绿意，陵寝丘壑上的树荫苍苍郁郁，空气被蝉声震得一颤一颤的。虽然我不知道栉山古坟里埋的到底是谁，可能是崇神天皇之类的哪位天皇。但每当我走在陵寝四周，就觉得自己好像遁回了神道传说中的"神代"世界。蝉声萦绕在耳边，心绪逐渐飘远，等到终于回神，已经在陵寝前呆站了一小时。

我的神秘圣地

从"神代"里回过神吧，让我们继续上车往南走。往南飞驰一段时间之后来到樱井市。樱井是个岔路口，往南可以到飞鸟与吉野，不过就像我稍早之前说的，奈良深处是个"神秘国度"，在所有奈良通的心中都有一个不为人知的神秘场所。以前三岛由纪夫时常去拜访名为"圆照寺"的尼姑庵，或许他也有这种神秘主义吧。至于我，也有自己的一间秘密寺院，因此一到了樱井，我先不往南去吉野与飞鸟，而是转往东边的山区，目的地是大宇陀的松源院。

之前我曾提到松源院这个地方，我想再详细描述一下。位于樱井东边的山区，自然景致宜人，有许多厉害的佛阁珈蓝。

其中又以长谷寺与室生寺特别出名，而在长谷寺与室生寺之间的山区里，有片名为"大宇陀"的城镇。

　　大宇陀没有什么特别的景色，所以鲜有游客游览这个地方。1978年，大德寺的大龟禅师在大宇陀附近找了一间古旧的村长宅邸，予以改建。从前大德寺里的寺院曾有间名为"松源院"的塔头，明治之后闭锁，但留下了一尊开山木像，于是大龟禅师便把木像请来大宇陀，以村长旧宅重新承袭了"松源院"。如今掌管松源院的是大龟禅师的弟子，美国僧人约翰·特拉。1972年，我在庆应大学留学时就与他结识，也算是旧识了。认识他的那一天，我留宿在一个朋友家里，两人聊得酣畅淋漓。他原本在电通广告公司上班，后来辞职开始禅修。那天晚上，他用简单易懂的方式和我聊起禅家公案，以及在大德寺的生活，让我听得十分入迷。

　　从那之后，已经过了二十年，最近我才知道原来他就在我们认识的前一天剃度！不过只差了一天，我就能看见他长头发的样子了。30分钟让我错过了密佛，一天的时光，错过了长发的约翰！人生有时候，真的只差一点就是永远。这大概是我在神道组织"大本"工作过的惩罚吧，我好像和佛教不太合。

　　约翰皈依了大德寺之后，先在家参禅四年，接着进入僧堂里，在修行道场当了四年的云水僧，于1980年被老师大龟禅师派到重振起来的松源院。又过了几年，他转往附近的清泉庵。

　　松源院曾被媒体多次报道，不过由于并未对外开放，很少有日本人知道。但松源院在海外可是享誉盛名，常有世界各地的艺术家与实业家来这大宇陀参访松源院。

从京都开车过来，大约需要三个小时。一身禅僧打扮的约翰在大门口迎接，带我们到里头宽敞清洁的榻榻米室喝茶，接着参观大龟禅师重建的这幢古宅。夜里大伙儿围着地炉一起吃饭，与来自其他地方的有趣客人聊天。如果月儿赏脸，晚饭后大家就移往庭园赏月，坐在月见台上轻松畅聊。我们一直聊到深夜，说禅、谈艺术、话人生，就好像我二十年前第一次看到约翰的时候。夜更深了，我回到面朝庭园的房内沉沉入眠。

在清泉庵，我最喜欢清晨的时光。基本上我是夜猫子，早上起床对我来讲实在很痛苦，唯有在清泉庵例外。清泉庵的人清早即起，撞钟唱经，我一个人赖在床上实在对不起大家，所以必定早起。起床后坐在清泉庵的檐廊藤椅上，啜着咖啡，望着庭园。白砂扫整得一如洁白无瑕的纸在眼前摊开，至白庭园的围墙外，青山苍茫浮在远方。这里没有"清泉庵HITACHI"的告示牌，也没有录音解说，只有我一个人，享受片刻静心思考的好时光。

我在京都也参加过好几次坐禅体验，但都以失败告终。我忍受不住脚部酸麻，也拂不去心头泉涌的杂念，所以到后来都变得很焦躁。我是个很自我的人，叫我"好，现在坐下、静心！"我反而会无聊到不晓得怎么办。可是在清晨的清泉庵檐廊上，我总是毫无障碍地进入冥想的世界中。在这一片由约翰打理出来的从容与奈良深山的清净中，清泉庵的空气抚平了我的心。

京都过去想必也有很多这么静寂的地方，可是现在景色上、精神上都堕落了，能清心的地方寥寥无几。祖谷的大自然则狂放得让人痴迷，也没办法静心。清泉庵却把山野自然与人类创造出来的文化"禅"完美地平衡，这种特质，我想正是奈良深山的独特之处。

　　孔子说："德不孤，必有邻。"自从约翰搬来了清泉庵，邻居们也来了。从清泉庵步行15分钟之处有间德源寺，制弓名人迫先生就住在这里，山上的宝藏寺里住了美国人克里斯，至于大宇陀城镇附近的大愿寺，则住了另一位大龟禅师的高徒高祖先生，在那里做精进料理。这几间寺院除了大愿寺之外原本都已荒芜，这些人搬进去后吹出了一口生气。平时他们常到对方家里走动，互相照顾、一同玩乐，在大宇陀打造小桃源。

测验"奈良理解度"的试纸

　　人生一大乐事，就是在清泉庵挂单个两三天，没事开车在附近绕绕。附近我最喜欢的地方是室生寺，只要时间允许，一定会带朋友到那里走走。我曾经向一位美术馆馆长聊到奈良，对方不晓得是不是因为职业关系，很习惯把事情分出等级。他说："室生寺很独特，所以可以拿它来测试别人，像酸碱试纸一样。"这位馆长表示，"如果问一个人'你喜欢奈良的哪些地区？'对方回答吉野或山边，那这个人对奈良的了解还很平凡；不过要是提到室生寺，那就真的对奈良有一点了解了。"

　　我从来没想到室生寺也可以被当成测试奈良理解度的试

纸,不过它的确很独特。室生寺位于大宇陀再往东的山区,从三重县过去不太远,但给人的感觉是位于奈良最深处的山区。

去室生寺的路途也让人觉得很有异样风情。沿着山谷间的羊肠小径,会看见对面山壁上刻了一尊高达15米左右的石佛浮雕,那正是俗称的"摩崖佛"。中古很多岩壁上都可以看到摩崖佛的身影,不过在日本却很罕见。室生寺附近这尊刻的是弥勒菩萨,也就是未来佛,作于镰仓时代,由中国渡海而来的雕刻家监制。当时这尊创作被视为国家大事,后鸟羽天皇甚至亲自参加了开眼供养。但为什么要在这种深山里雕刻弥勒菩萨呢?难道这山中存在着什么看不见的灵力?静静屹立的弥勒菩萨神秘莫测,让人感觉未来的神真的从石壁上浮了出来。

抵达室生寺,通往寺地的路径是一座桥,这在历史悠久的古寺与神社中是很常见的景象,其中又以伊势五十铃川的桥与室生寺的桥特别令人印象深刻,仿佛在告诉来人:"前方就是神境了。"渡桥来到境内,里头有拾醉阶、金堂及五重塔等,全都是非常奈良风格的杰作,体现高度艺术性的同时又完全融入于大自然中。

室生寺最精彩之处是"奥院",前往奥院要先走上四百阶陡峭的台阶。那阶数倒不是问题,问题在于每阶都非常陡,像是专程做给巨人走的一样,与其说是走上去,还不如说是趴在上面爬上去。周围是千年古杉与郁蕨,当人一阶一阶爬得气喘吁吁,当真会错觉自己堕入了太古时代呢。等到终于爬到了前端的御影堂时,感觉就像来到了地球尽头。

日本古时候的信仰起源似乎是从山开始,著名实例之一便是位于樱井附近的大神神社,神殿后方的山被视为"神体",也就是说,山即是神,所以很多历史悠久的神社或寺院在距离本堂一段距离的山头上,都有所谓的"奥院"。奥院除了是山神信仰的产物,在我看来,里头也蕴藏着曼陀罗的精神。正如僧人所告诫的,不可直接进入曼陀罗中心,一定要从最外围的门进去,慢慢往里走。按照这一思路,奥院正相当于曼陀罗的中心。

　　而这么一来,整片室生寺境内无疑是大自然的曼陀罗。我们先过桥进入曼陀罗的圣域,接着进门走上拾醉阶,依序参拜了金堂里供奉的释迦如来与文殊菩萨等一众菩萨,再走向五重塔,小巧精致的五重塔仿佛是室生寺的根本大塔。而参拜完五重塔后,我们走上巨人的四百阶台阶,累得筋疲力尽才终于抵达奥院的御影堂。

　　在御影堂前停下脚步,驻足俯视眼前这一片千年古杉森林,深深吸入一口山中清新的空气。此刻,我们就正处于曼陀罗的正中心。

第十二章

东西文人

牛津的文人

不久前,我回了一趟美国,顺便在圣地亚哥美术馆发表了一次演讲,主题是"日本文人"。听众在听完演讲之后,感到很是放松,因为在此之前,美国民众的普遍印象里,日本文化 = 禅 + 武道 + 茶道,现在大家才发现,原来日本曾经有个不同于人们既有认知并且灿烂过的文人世界。但其实我们回头想想,大众不知道也是情有可原的,因为在日本足以被称为文人的并不多,同时也没有相关团体或组织宣扬他们的文化。

我也是在很偶然的机缘下才接触到文人世界,而且那偶然并不是发生在日本,那是我在牛津大学留学,刚进入大学二年级时的事情。有一次,我在旧书店买书,买了许多关于中国的书籍,花费颇多,结果我的生活费变得十分紧张。恰巧我发现学校有个"牛津大学名誉校长散文奖"的奖项,奖金是 50 英镑,于是我就不停地写作、投稿,顺利拿下了奖金,学校邀请我去参加大学教授们的花园盛筵。

我在花园里手足无措，心里七上八下的，这时候刚好前方有个老爷爷的座位旁空了一个位子，我便过去坐下。那个爷爷正好是传奇人物约翰·斯派洛（John Sparrow）先生。牛津大学是个由40个左右的独立学院集结起来的大学，每间学院都各有特色，例如基督教堂学院就只收贵族后代，所以虽然同样是牛津大学，有的学院比较容易进去，有的学院招生很严格。比如万灵学院（All Souls College）由于入学考试一年比一年难，结果将近两百年时间没有招收到任何一个学生，现在那个学院里头也只有老师[①]。而那里的老师不需要教学或是做研究，只要思考就行了，是智库的原型。

万灵学院是英国知识界的圣母峰，当时的院长便是斯派洛先生。我不晓得该和他聊些什么才好，忽然间斯派洛先生转向我说："你是今年散文奖的得主吧？在50年前我也拿过那个奖，介不介意和我一起喝杯茶？"天哪，他居然约我喝茶。

后来，他一直很照顾我，每天下课后我就会到他家玩两个小时，在书房里喝喝雪利酒，听他谈起以前的事、看看书或读读诗，他给我看了很多他们以前写的信。读维吉尼亚·伍尔夫[②]的信之前，她对我来讲只是一个图书馆书架上作者的名字，但读了信后我才稍微知道一点她的人生。"这周末我会和维多利

[①] 2015年1月为止，此学院有76位研究员、23位客座研究员，以及32位名誉研究员。
[②] 维吉尼亚·伍尔夫（Virginia Woolf, 1882—1941），英国作家，被誉为20世纪现代主义与女性主义的先锋。

亚去乡居别墅，你也来吧？你的房间一如往常都整理好了，你一来，乌云便随之散去，天也开了……"这是她50年前写给斯派洛先生的邀请信，信中提到的维多利亚[①]是她的恋人，也是后来她写作《奥兰朵》时的女主角原型。维吉尼亚·伍尔夫与斯派洛、维多利亚虽然度过了很开心的时光，最后还是在忧郁缠绕下自尽身亡。我看到的只是一纸简单的邀请信，但信中"乌云散去"的形容以及强劲的笔迹，都让人感受到一股深沉的哀愁。

我在牛津的最后一年搬到万灵学院住，现在想想当时实在是很幸运，几乎每天都有机会听到斯派洛先生的友人——批评家肯尼斯·克拉克（Kenneth McKenzie Clark）与英国前首相哈罗德·麦克米伦（Harold Macmillan）聊天。有一次，80岁的麦克米伦先生讲起他小时候参加过维多利亚女王祝宴的事，维多利亚女王在我的印象中是很久以前的历史人物，万万也想不到身边居然有人和她有过交集！但是在80岁高龄的麦克米伦先生脑海里，一颗关于女王的记忆宝石依然静静地躺着，而他选择与我分享。在我听到那段往事的那一刻，我觉得自己和逝去的时代有了联系，也发现前人的智慧就是经由这样的传承，由长者传给下一辈，那感受至今依然深刻。

听往事、读信的这些关于"学习"的部分很有意思，但最迷人的还是斯派洛先生他们的生活方式。虽然他们永远都在谈论文学、哲学，可是从来不执着于单一主义，永远是在开心地

[①] 维多利亚（Vita Sackville-West，1892—1962），英国文学家与园艺师，曾两度拿下霍桑登奖。

聊天，用文字开开玩笑。有时，来了兴致，便坐上车子，在春天的黄色芥子田里飞驰，到牛津附近访友。其中一位朋友喜欢收藏书籍，斯派洛先生与对方起劲地聊着善本，有时候他也会看着古书提点我做人的道理。"你要把书当成你的朋友，不要伤了它、不要扔掉了它，还有，千万别借人！"斯派洛先生眼角含笑地说。

另一位朋友家有很气派的花园，屋主是007系列小说的作者伊恩·弗莱明（Ian Fleming）先生的遗孀安·弗莱明（Ann Fleming）女士。她会在下午1点左右起床，穿着粉红色睡袍与我们一道漫步在玫瑰环绕的草庭中。她手里拿着象牙烟管，闲聊起了小说家朋友伊夫林·沃夫（Evelyn Waugh）有多顽固。安说伊夫林的耳朵不好，所以用一种圆筒状的助听器弥补。有一回他们俩在晚宴上争执不下，伊夫林不肯听她说话，安气得拿起了象牙烟管就往那圆筒状的助听器里画圈圈。后来伊夫林再也不敢不听她说话了。

安·弗莱明的粉红睡袍与脂白的象牙烟管在阳光下的青翠草坪上闪耀，斯派洛带笑的眼角那一刻充满了安逸与优雅。

哪怕那一刻，"文人"于我仍是个陌生的词。因为认识了斯派洛先生，我踏入了文人的世界，那世界中有独特的幽默、学识、自由的心灵与美。从那时起，我便倾倒在那以"文"为中心而运转的美好天地面前。

在大自然中完整的东方文人

牛津大学毕业后,我因为工作的关系前来日本,可是一开始在日本的生活其实万般寂寞,虽然要学各种日本传统文化,可是禅与茶道这些文化无疑奉"正道"(体统、体裁)为圭臬,丝毫没有我在英国所经历的存在于"文"当中的快乐感受。不过后来我在收藏古美术品的过程中发现一些偏离了"正道"的事物,诸如煎茶的器具以及江户儒者的墨宝。煎茶器具的种类其实相当多元,儒者的书法则充满充沛的表现力,展现出能与花道等传统艺术的"正道"中所没有的自由心象。而我喜欢这点。

我在煎茶与儒者书法里发现了日本"文人"的痕迹,接着顺藤摸瓜地往中国的源头探索。比如我的一个朋友泽田先生,除了茶道,还学过武道、花道、书法、水墨、能管、园艺与和歌等诸般日本传统文化,令人大开眼界。他和斯派洛先生一样都很爱开玩笑,讲到文化的时候不只是停留在治学层面上,你可以从他的话中感受到徜徉在文化底下的大自然以及存在于人类心底的某些东西。例如他就曾经这么提到茶道"炭点前"① 中的炭。

泽田先生以前用过炭窑,他先从炭窑里的火炭堆法讲起。炭窑是弧圆的,所以里头要摆很多直的圆木段,摆得满满之后,在上面横铺上一片细木条,细木条上再摆上小树枝,最后于炭窑口前摆上很粗的圆木。

---

① 茶事中,主人在为客人做茶之前,于客人面前将茶炭摆入炉内的做法。

可是茶事里，做炭点前却是先把粗大的"胴炭"放进火炉里，这块胴炭相当于摆在炭窑口的那根圆木，也就是说茶事的做法恰好与烧窑相反。接着在胴炭摆上"球杖"的圆炭条，这等于窑内直竖的圆木。球杖上再铺上较细的"管炭"条，最后才是将令人联想起窑内地面落炉的涂白"枝炭"放上去。

据说当初利休看了龟冈内山的池田窑后，从火炭堆法里发展出了"炭点前"的做法。自从听了泽田先生那么讲解，我每次瞥见茶炉里的炭火总忍不住想起这段话，并联想到山中炭窑的样子。我在四国祖谷的家附近也有一座炭窑，每次一看到它冒烟，我就心想："噢，茶道可能是从那里发展出来的呢。"

泽田先生性格奔放，心情总是阴晴不定，听说以前他刚从日本海的乡下搬来时非常粗暴，立下的"丰功伟绩"多得说不完。或许没有一点这种气魄，一如安在伊夫林·沃夫的助听器里乱搔，或像泽田这样留下狂野名声，还成不了文人呢。

打理在大本的庭院，是泽田先生最喜爱做的工作。他有时候种花，有时候修枝，连茶室的茶庭石都是自己亲自搬来再挖地铺装的。看着泽田先生爬到树上修枝，我感觉他与漫步在推整得匀亮的草地上的斯派洛先生他们不同，泽田先生更为接近自然。西方文人在探究学问上非常彻底，但不像泽田这样会亲自投入艺术（茶道、水墨、笛和书法等），然而东方视为理想的人格，却是在这样徜徉于自然并从事艺术的生活中得到完成。

在我看来，东方独特的"文人"理想，是由儒家与道家所共同成就出来的。让我们先想想，何谓儒学？儒学奠基在温故知新之上，所谓"学而时习之，不亦说乎？"（学习前人传下的知识与道理，并且时时温习，不是很令人欣喜吗？）。这段文字不愧被摆在《论语》一开头。学习、温书，指的正是从"文"出发。而儒家学习是为了修养品德，品德虽然是很暧昧的存在，但从前的儒者非常重视品德，认为修身治世正是儒者的使命。

在儒家的观念里，"德"具有神奇的影响力，有德者不用做什么特别的事，德行自然会像音波往外扩散一样让周围跟着变好。因此，在我的古董收藏里有一幅"德不孤"字轴，是我最珍爱的收藏。"德不孤"语出《论语》，指"有德行的人绝不会孤独，必有人与之亲近"，只要德行清高，就绝对会有志同道合的人来亲近你，进而影响社会。我认为这就是儒家的中心思想。

想提升品德就必须要钻研艺术，学会诗书画"三绝"，学完了又有文法四宝、古物品鉴，结果到后来，文人不但"三绝"，更连泽田先生这样"五绝""七绝"的人才都有，他们留下来的成就正是我收藏的这些古董、字画、屏风。

在日本，精通诗文、茶道、花道等艺术的人数之多，在西方绝对无法想象。于一书中砥砺品行，在我看来，这种精神应该就是受到儒家"学而时习之"的影响。

不过儒学有一样缺点，那就是过于崇高，结果带来了太大的精神压力。虽然德不孤，可是光靠清风亮节，人生或许也太过寂寞。与之相反的则是道家。道家崇尚快意人生，在大自然里当个痛快的仙人，远离尘世，与朋清谈。游山玩水，效法李白月下独酌、吟诗写字乐淘淘。既不需要负担义务，也不需要磨砺品性。

从前道教仙人清谈时，在长棍上装了马尾毛，用来赶走苍蝇，后来这种赶苍蝇的道具便被叫做"拂尘"，用来象征去俗念、拂去尘世间的种种"苍蝇"。传入日本后，拂尘被当成禅宗及煎茶器具，发展出了很多造型，有的涂上了朱漆，有的用竹编，有的是奇形怪状的木棍，搭配了毛茸茸的马毛、牦牛毛、虎毛等等。我也收集了很多拂尘，装饰在龟冈家的榻榻米房里，我的意思是"这里是个清谈场所"。不过当然没有人发现我的苦心，大家恐怕只觉得"哎呀，这个人家里的苍蝇掸子真多"。

禅门如军队

进入宋朝，儒家的"学者"与道家的"仙人"融合为一，出现了理想的"文人"形象。文人乐在学问又悠游人生，这两点与西方的文人并无二致，差别在于儒家的"精艺"与道家的"道法自然"是东方特有的思想，而文人便在亲近多元艺术与大自然的做法中跨越了人类社会藩篱，趋近宇宙真理。

《论语》里有一段话："知之者，不如好之者。好之者，不如乐之者。"意思是"对于学习，了解怎么学习的人，不如爱好学习的人；爱好学习的人，又不如以学习为乐的人"。

所谓"了解学习的人"正是学者。学者的工作很重要，但我很少与学者往来。"喜欢学习的人"应该算是茶道或花道老师，对自己选择的路途，他们目不斜视地专一前行，赏玩器物、举办茶会。不过他们的路对我来讲依然是窄，因为他们太拘泥于形式、家元门派以及各种规矩。最后一项"乐在其中的人"，我想这是文人没错了！文人立足于学问，挣脱形式，纯粹地享受美好。不过很可惜，日本大部分人都掉进了"形式"的陷阱里，无法继续往前。

文人还有一个不得不提的特征，那就是隐居生活。这或许是受到道家仙人观念的影响吧，文人还是比较适合住在远离尘嚣之地。泽田先生躲进了龟冈后，连京都也很少去；斯派洛先生躲在牛津最难入学的万灵学院里，在学问高塔中生活。

中国的"文人"理念于明朝开花结果，当时有位文人宣扬了各种关于隐居的理念，他在文章里说："卜居以深山为佳，田园次之，若不果，则市井甸外。即令不得结庐于古崖绝壑，亦应避于俗世，隐居乃文人结庵之念也。庭栽古木妙花，书齐得置逸品篇牍，居其中，不知老之将至，友来忘返，此其故也。"

虽然曾经在东京住了很久，但最终还是龟冈的乡下最能令我放松，果然我也是喜欢隐居的人。年轻时，我曾想过要一辈子住在祖谷的簏庵，但现在我觉得龟冈的田园风景就够了。尽管家里没有文人雅宅那样的清高格调，不过走进门内，真的有种俗世都被挡在外头的感觉。

早上起来后，浇花是我的乐趣。恣意爬满外墙的朝颜藤蔓便是我的琳派屏风。庭园里，种在老火缸中的莲花亭亭往上绽放出了天香。在庭园里浇水的早晨时光，让我忘了"我已经四十几岁,是个中年人了",果真"不知老之将至",唯有心喜。有时候,在家里和朋友对着庭园聊天,聊得朋友都忘记回家的时间,也没有计程车了,只好在我家睡一晚,这时候又是"友来忘返",不愧是隐居的魔力!

文人的另一项特征应该是清闲。安·弗莱明下午1点才起床,还穿着睡袍就漫步在庭园里的那副身影无疑非常文人。我在东京认识了很多才华洋溢的杰出艺术家,但他们每天忙得像陀螺一样,就为了提升艺术成就。那种生活方式或许对提升成就有用,不过离文人的生活却稍微远了点。人要放下一点对时间的责任感,才有可能享受自然与清谈。

在东方,文人最多的地方反而是日本,这件事其实相当讽刺,因为文人文化从根底上就与日本文化背道而驰。如果说中国是以"文"立国,那么日本就是以"武"立国。在一个武士道的国度里,怎么能容忍文人这种随性自由又清闲的生活方式呢?所以,中国从宋朝起文人辈出,但相对的,日本却直到江户时代为止都没有出现文人。

夸张一点地说,室町时代的京都禅僧,或许可以算是日本文人的先锋,因为禅僧在某种程度上能够脱离武士社会的拘束。龙安寺与大仙院都很有文人隐居地的气势,而当时禅僧将禅的教诲托寓在书法、水墨画与枯山水等艺术上,这种做法其实也非常文人。

可惜禅是个很一板一眼的世界。要在规定的时间起床,做错事还会挨揍,让人觉得进禅门简直像进了军队。禅僧平日还思考禅师出的公案，摒除杂念，但杂念对文人来讲却是日常茶饭事。如果每天清早即起，忙着擦地板、打理杂务，文人不就失去了对他们来讲最重要的"清闲"？身在禅门，不能做错事、不能有杂念，还忙得不得了！这与其说是过着文人生活，不如说是过着武士生活，所以以前的禅僧应该要从禅中解放才对。

"无为"诗仙堂

进入江户时代后，日本终于也诞生出真正的文人。初期最有名的便是盖了京都诗仙堂的石川丈山。丈山原本是武士，在攻打大阪城时因为违反军令而被处罚隐居思过，后来他在乡下当了几十年老师，58岁时回到京都盖了诗仙堂作为隐居之用。诗仙堂盖好后他便一直闭门不出，连后水尾天皇召他入宫都不去。这件事几乎无人不知。

我收藏了一对屏风，上头有丈山的墨宝，他的字属于匀整的隶书体，就风格而言稍显拘谨，内容却是以李白"月下独酌"所作的自由抒发。他这么写道："有时折庭花，有时听鸭鸣。有时扫落叶，有时植清菊。登东冈对月高歌，面对窗捧卷诗吟。除此而外，无事需为。"诗仙堂是我在京都最喜欢的地方，其他的京都景点要么是祭祀神佛的神社佛阁，要么是供茶人雅玩的茶室，只有这诗仙堂是什么事也不用做的无为之地。

文人身怀"三绝"，而在这诗书画"三绝"中，我认为最有意思的是书。人家说"字如其人"，但日本以前的书法作品倒不见得如此，因为平安时代以来的和样书道在严密的字形限制下，已经完全抹杀了书写者个人的性格；另一方面，禅家的书法也不是真的写来抒发心志，而是为了要宣扬佛教所写的呵斥。所以，身边如果摆上一堆禅家书画，很容易觉得自己好像被谁盯着骂似的。

江户文人选择了折中做法。他们的字尽管不像和样书道那么优雅，却多了点人味。尽管比不上禅家的犹劲，却能传达出"禅呵"中没有的细腻情感。市河米庵与龟田鹏斋都是活跃于江户时期的天才书法家，可是现在他们已经完全被人遗忘，美术馆与藏家宁愿花大笔钱去买二三流的版画或琳派绘画，对江户文人的作品却连看也不看。在我看来，江户文人无疑写下了日本文化中最璀璨的几页，因此日本藏家不喜欢收藏文人作品的倾向，对我而言反而是个利多的好事情，至今我已经收罗了大批文人墨宝。

其中又以前面提到的米庵与鹏斋特别有意思。先前我说过，理想的文人是同时从儒家的"学问与道德"以及道家的"自然与自由"这两种理念中诞生的，但实际上要保持两端平衡非常困难，所以，大部分文人不免偏向一方。就这点来看，市河米庵的字与龟田鹏斋的字刚好呈现出明显对比。米庵在当时是首屈一指的书法学者，曾经写了很多书，其中的《墨场必携》至今还有很多书法家钻研。米庵对道德标准的要求很高，他拒收歌舞伎者与妓女为徒。观察他的字，你会发现一笔一画无不匀整高雅，完美程度一如莫扎特的奏鸣曲。相比之下，龟田鹏斋则是人称"闹事文人"的怪杰,从我收藏的某对鹏斋屏风上留下了"大醉书"三个字中不难看出,这个人是个酒狂。他喜欢游山玩水,和朋友玩到半夜,在家时绝对不穿衣服,也结交了很多米庵厌恶的妓女及歌舞伎者。鹏斋的字体是所谓的"蚯蚓体",当时没有人看得懂他那歪七扭八的字,而歪歪扭扭毫不拘束的线条,也让人想起了德彪西或拉威尔的印象派音乐。

米庵是受到幕府认同的大师,据说门生包括大名在内多达好几千人。他累积起了大笔财富,也建立了数量庞大的艺术品收藏,而鹏斋则一直是个穷光蛋,虽然曾有一次获得幕府老中松平定信的接见,但他向来在旧衣铺买衣服,觐见松平时他身上的正装家纹没有配成套,引来松平不悦,于是鹏斋的当官路也就在这仅此一次的会面中画上了句点。

通常文人要面对的最大难关就是钱。不讲钱、不提钱是文人的铁则,可是没有钱要怎么维持那么悠闲的生活可是个大问题,所以王尔德说得好:"与其当个充满魅力的人,不如当个有固定收入的人。"我认识的文人通常也很有钱。

不过也有一贫如洗、丝毫不逊于鹏斋的文人。中国文献中有本沈复所写的《浮生六记》,令人十分动容。沈复是生在清朝的穷书生,曾经穷到把内衣裤卖了换钱买吃食的地步,但在穷苦的生活中,他仍然和夫人芸一起坚守着文人的浪漫。例如傍晚在莲花闭上之前,芸会把茶叶用布包起放进莲花中,等到隔天早上花开,再取出充满香味的茶叶。晚上两人便喝着充满花香的茶,吟诗作乐。他们两人的爱情融入自然与文化中,十分唯美。

为什么文人的作品在今天不受到时代认同呢？让我们思考一下，或许最大的原因出在文人作品的味道"太淡薄"了。文人既不像禅家会大"喝！"一声，也没有特别抢眼的一套哲理。佛语说"拈花微笑"。释迦摩尼佛拈起了一朵花的时候只有一位弟子心领神会，这位弟子默默地笑了。而清谈正像这样。

说起清谈，评论家白洲正子让我觉得是个罕见的文人。她出生于1910年，是明治时代名门贵族桦山家的女儿，自幼学习能剧，也是第一位站上日本能剧舞台的女性。其夫君白洲二郎曾经担任日本首相吉田茂的秘书，与白洲正子两人因喜欢田园生活而搬到了东京郊外的鹤川，住在一幢有茅草屋顶的民宅中。

我们可以从白洲正子的人生中窥见一位文人的养成教育。事实上白洲出身于优渥的家庭，可以直接与传说中的茶人益田钝翁交游，战后又马上认识了青山二郎与小林秀雄，从这时期起，她跨越了贵族社会的藩篱，进入真正的修炼。她开始收藏美术品，可是收藏本身就是一条修炼的不归路，必须深入了解存在于美背后的知识、历史与精神才能精益求精。

而她似乎也走过了一段非常艰辛的修炼路。在青山二郎那个时期的日记里，到处看得见"白洲正子哭了"的记述。

20世纪50年代，白洲正子于银座开了一间名为"工艺"的小店，请工艺师傅与艺术家制作布制品与陶器，在店里贩售。同时，她也对日本其他方面的文化、戏剧及刺青产生了兴趣。进入60年代后，她开始陆续出版书籍。

即使在成为一位博学的知识分子后,白洲正子依然以文人的眼光去看待文化,而不是站在学术角度。她说:"认识古董就像认识一个朋友,只能从交往中去了解。"我曾听她的一位朋友说过一段往事,恰好可以反映出她这种"交往"的态度。当时这位朋友还很年轻,有一晚去白洲正子家时,两人不知从什么话题上聊到了日本陶器。白洲正子转头去拿了个桃山时代的志野杯倒入威士忌,递给这位朋友说:"你喝喝看。"朋友接过那看似寻常无奇的志野杯,酌饮几口,过了一会好像触碰到了人的嘴唇般感受到一股带有温度的触感,香气带上"高贵"的气质围绕全身。白洲正子这时丢下一句:"这就是陶器。"

我从白洲正子身上学到了许多,最令我有所感悟的当推她关于西行法师的一段记述。西行晚年写了首和歌,送给当时宫中的最高权威藤原定家[1]。歌里写道:

花散兮引浮忧
虽惜兮山水自流

过了一段时间,定家终于回信,建议将"散"改为"春"。但生命已如枝头残花的西行并未接受。而白洲正子的看法是,"尽管只要将'散'改为'春',但无论和歌、俳句甚至是散文,往往一个字的差别便带来了云泥差异。'轻'可是在几十年经验与死前倾注了全心全神之后,才终于成就出来的'沉'。"

---

[1] 1162—1241 年,镰仓初期公家,曾编纂《小仓百人一首》,是极重要的歌人。

所以，真正的美与平凡无奇的事物间，其实只存在微妙的差异，但不可思议的是这微妙若无的一笔一画却具有关键力道，能分出两条天差地远的路途。不止文学如此，花艺、建筑、舞蹈，所有的文化活动与艺术不全是如此？

因此，从某种层面上来说，文人的修行其实是一条认识"一笔一画"的幽径。如果说文人有什么使命，那不就是珍惜微妙之中的美，呵护着那美，让它在自己身旁茁壮盛放吗？所以从这个观点思考，文人之于社会的意义，或许也是像一笔一画那样的微妙存在。文人虽然不是正式活跃于专业艺术领域的艺术家或策展人，但对艺术的精准眼光，却绝对举足轻重。

中国有个"破琴绝弦"的故事，说的是琴艺高超的伯牙在知音去世后，挑断琴弦，将自己最心爱的琴摔碎，终生不再弹琴。知音已逝，世间已无了解自己的人，留着琴还有什么意思？日本自古以来就有懂欣赏艺术的知识分子，从热爱自然与和歌的平安时代公家人开始，到江户时代绽放出了文人盛世，这股文化之流一直延续到了不久前的时代，然而现在却没什么懂得欣赏文化的人了。文人已无，那么日本文化也将会"破琴绝弦"吧？

我一开始在日本的自然中追求美，接着进入古美术与传统艺术的世界，最后在文人天地中遇见了美的精神。文人的世界无疑最最脆弱。斯派洛先生已经到另一个世界去了，泽田先生与白洲正子年纪都长我许多，和我同时代或比我年轻的人里，至今只遇到一两个可以算是文人性格的朋友。

江户时代是文人盛世，大正和战前的昭和时代也不差，可是战后文人却逐渐销声匿迹，造成这种情况的原因五花八门，不过基本上，理想的文人必须具备"文学""文化""自然"与"闲暇"这四个要素——今天日本的山川全变成了混凝土，"自然"已元气大伤；而从京都市恣意破坏景观的现状中也不难察觉，"文化"已然堕落。至于"闲暇"方面，这可不是日本独有的问题了，现代生活步调紧凑，想像个文人一样"闲暇"过日子，根本不被允许。幸好日本的"文学"相较下还算健康，可惜四个只剩其一，理想的文人世界依然难以成立。

不过，德不孤。这世上一定会有我的同伴。无论如何，这一刻我心底响起米庵曾写过的一段字：

读义与理之书

习书帖之字

与亲近之人清谈

浇花、植竹

焚香、沏茶

泛舟而观山

直是他乐之有哉

吾一以贯之

第十三章

东南亚

新式混凝土枯山水[①]园林

1984年,我在大溪地准备搭乘渡轮前往附近的茉莉亚岛(Mo'orea)。温暖的南太平洋傍晚,船客全站到了甲板上纳凉,大溪地人无分男女都在发梢抹上了椰子油,发间插着花朵,身穿花卉图案的衣服。轻柔的大溪地话听起来很像夏威夷语,呢喃软语随着花与椰子油的甜腻香味和海风一起飘送过来;光滑的肌肤、动人的曲线一如高更画里所绘。当他们一开口唱歌欢笑,洁白皓齿就在夕阳中闪闪发亮。

甲板的后头坐着一位中国婆婆,在大溪地经商的也大多是华人,在南洋各地很常见。这位婆婆穿着典型的商店老板娘爱穿的纯黑色中国服装,整排扣子密密往上扣到领口,满头发丝仅仅往后盘成一个髻,挺直腰杆,紧抿嘴唇,沉默地盯着航行

---

① 枯山水是中国古典园林在传入日本后为适应日本地理条件的限制而改造的缩微式园林景观,现多见于小巧、静谧、深邃的禅宗寺院。

荡起的白浪。

像孩子一样开朗的大溪地人，与严肃的中国婆婆形成了强烈对比，眼前的景象似乎清楚地显现了中国的蒙古语族与马来的波利尼西亚语族之间的文化差异。我坐在甲板上，恍惚地想起了日本，在那一刻之前，我一直认为如果要把日本归类，日本应当是属于中华文化圈的，所以，我在大学里学习中国美术与文学，试图追寻日本文化的源头。可是眼前甲板上的光景，竟出乎意料地让我觉得很适合日本。那呢喃软语、鲜花别在头发上的自然风情，正贴合了我心底对平安时代所产生的印象，于是连高更曾深爱过的丰饶大溪地的气息，都让我觉得是日本裸祭时所散发出来的强烈而纯粹的费洛蒙。我感觉很荒谬，那些吸引着我到日本来追寻的美好，此刻却在日本已经消逝，而在这遥远的大溪地，我又重新感受到了它。

从那时起，我展开了属于自己的东洋"第四段旅程"。第一段旅程是我小时候住在日本的经历，第二段是大学时的中国研究，第三段是日本的传统艺术。而如今，我来到了第四段的目标东南亚。

众所周知，日本文化是由东南亚文化与中国、韩国文化糅杂而成，然而很少有日本人的基础角色，而在东南亚文化受到了中国、韩国、中世日本的武士道，以及进入现代以后西方文化的影响。就好似日本的和服，一层又一层。虽说最外头穿上了袖口较大的绢制和服，可是里头的内衣，女性穿的是片裙式的腰卷，男性则是丁字裤。充满质感的和服源头来自于中国，襦绊（贴身衬衣）、打挂（穿在和服最外层的外罩，质料较厚，也比内层和服略长）、腰带等层层叠叠衬起了气派外表，可是最贴近肌肤的那一层，却是东南亚女性所穿的沙龙以及男性穿的丁字裤。

在东南亚旅行的时候，我惊奇地发现，之前我所认为的日本特色，其实都是从东南亚传过去的。在泰国寺院或宅邸里，经常可以看到一种称为 Sala 的小庵。这种小庵没有墙壁，只有四根柱子和架高的地板、屋顶，是种用来让人打发时间的凉亭。坐在 Sala 的地板上，唱歌喝茶、看看风景，这就是它的用途。而这不仅是一个打发时间的放松场所，也是"神圣的场域"，因为它脱离了日常生活。

Sala 的影响也能在中国找到踪迹，例如，我们可以在元代画家倪瓒的画里，发现苍茫幽山上有间四根立柱的小茅屋。倪瓒画里的小茅屋后来成为中国文人的传统，在小茅屋里，文人纵览浩瀚天地、吟咏歌唱；这种小茅屋正是凉亭的一种。在日本，Sala 则很早就从人的场地移转成神的场域。历史悠久的神社前面总会有一幢类似 Sala 的神乐殿。神乐殿后来演变成能剧的舞台，从一个"游戏的小庵"变成高贵的"艺术场所"。而神乐殿那种充满开放感的新鲜气息，我想正来自于 Sala。

作为独幢建筑物的 Sala，在日本虽然已经变成了神与艺术的场域，不过日本平民家里的宽敞檐廊从空间性质来说，我认为正体现了 Sala 的精神。每次我坐在四国祖谷家中的檐廊上，远眺从山谷间涌上的云海时，总觉得自己好像坐在 Sala 里。只有木柱而没有墙壁的檐廊，是往昔东南亚文化留下的痕迹。

粗略一点地讲，去东南亚就像是去一个还没变得乏善可陈的日本。思考一下 Sala 的原理会发现，它与日本宅邸里坐落于母屋之外的清幽小庵很像，因此从这个角度看，Sala 可以算是日本茶室的原型。只是日本人在创造出茶室的室町时代，已经失去了平安时代那种纯真面对自然的心怀，他们在没有墙壁的 Sala 上盖起了四面墙，在矮窄的躙口装上了门，完全将自然挡在外头，塑造出一个阴郁的空间。如果想在日本看到 Sala 那样怀抱大自然的空间，不能往近世的茶室去找，要往更古老的能舞台、神社，或是像祖谷的茅屋那样的地方去。池子里，睡莲与荷花的宽大叶片轻柔地漂在水面上，中央绽放出粉色花朵，像是女人微笑的唇；沙洲上芦苇丛生，草穗在风的吹拂下波动如浪。池边是一片细心推整过的草地，唯一让人感受到人工意念的地方。草地上的棕榈伸展着巨大如山的宽叶，榕树长须如瀑，兰花从树丫上垂吊而下，这一片充满生息的大自然托付给了风、太阳与大地，走在这样的庭园里，人也畅快了起来。

但这种时刻一想起日本的庭园，心情又不禁黯淡下来：禅寺里拽得笔直的砂线、剪得圆滚滚的杜鹃、一枝一杆完成巧趣的松木，仔细考量后才令其飘落在茶室草苔上的落叶——连一片树上的叶子也不允许其自然飘落！这种精神实在太过骇人。这么一想，或许日本人不珍惜自然并不是现代才有的现象，或许从室町时代起，就已经兴起将大自然完全纳入掌控的欲望。将绿意逐出庭园，用砂石与墙建构起一个纯然的艺术品，但当时困于技术，能创造出来的人工世界毕竟只有一小方天地。如今挣脱了技术枷锁，随意砍伐原始森林、改植成一排排井然有序的杉树，要它们"立正站好！"；海岸线与河川夯实成混凝土，京都与奈良的城镇一一改造成了混凝土方盒⋯⋯现在，总算把这整个日本都打造成一个混凝土式的枯山水了。

禁忌——上天的忌讳

枯山水式的掌控似乎从中世启程，不过在那之前，日本的庭园应该与东南亚一样，是恣意而自然的。《万叶集》那个年代的人似乎还与自然共同呼吸生存，没有所谓的庭园，至于平安时代的庭园，至今我们仍可在京都许多地方发现它们的气息，例如龙安寺。我常带朋友到龙安寺去观光，我的朋友们想看的当然是龙安寺的枯水井，可是我觉得龙安寺最精彩的地方一定是它里头的参道。龙安寺境内原本是平安时代贵族的庭园，与马来西亚、泰国的庭园一样都以水池为中心。池塘周围群山怀抱，水池悠悠然散布在群山景致间。水面上，睡莲舒叶，鸳鸯成双，荡晃着天上云彩与树木枝丫的倒影，平安时代的贵族说不定每天晚上就在这池子里戏舟、吟咏爱的诗句。

我觉得龙安寺的池塘应该就是日本文化还没变得无滋无味之前的"平安风情"吧！现在日本的建筑物与庭园已经渐渐朝"无菌室"风格发展，但——即便很少——我们仍能在某些地方遇见属于平安时代的温润。好几年前，我曾经去洛北的寂光院玩，寂光院的尼僧是当时年事已高的小松智光法师。智光法师请我去简朴的榻榻米房，为我讲起了《平家物语》。我听着智光法师轻声讲述那寂寥的故事，看着纸门上的画。纸门上画了弯曲缠绕的葛蔓。故事最后，智光法师打开一个旧木盒，从里头拿出一片被风涛冲打过的碎木片。那是坛浦之战时留下来的军舟木板。

接着我们去庭园里喝茶。刚好下午稍迟，太阳已经没有早前毒辣。园子里长满了芒草与胡枝子，活像是一幅古时候的《秋草图》。我们把矮凳摆在下垂的胡枝子底下，在那儿喝茶。智光法师的声音充满慈悲，而那庭园于我来说，甚至比平家留下来的舟板还贵重，因为那才是真正的日本自然风情。直到很久以后我开始往泰国跑，才发现原来智光法师庭园里那一片从容的自然并不是日本独有，它其实属于整个东南亚。

最近，我与日本友人一起去了一趟泰国北部，探访泰国友人生长的故乡。那是一个离清迈几个小时车程的小村庄，以前是泰国文化的发祥地，如今在泰国激烈的时代变化下被遗忘，成了一个僻乡。当地村民住在由柚木架起的高脚屋里，生活在大自然中。

其中一个晚上，我们住在友人家里。夜晚一到，当地人全聚在檐廊旁，喝酒畅聊直到深夜，最后就醉了。泰国人开始跳起舞来，日本友人也不甘示弱表演了舞蹈。

这种大家欢聚在邻居家里，不需要特别忌讳什么的情境，在现今日本，无论城市或乡村都越来越少。日本朋友好像很怀念，想起他自己孩提时候的日本："以前东方人可能都是这样过日子呀，这里的村民对'自我'的意识还不是那么高，还能像这样自由进出别人家玩。现在日本人的自我意识都很高，已经没办法像他们这样相聚了。"

隔天一大早，村子里的女人便拿着椰叶与花来到檐廊旁，不晓得在忙些什么。她们围坐成一个圈，在檐廊下折着椰叶，像折纸一样，又用线把花绑起来，做出一个"花塔"。花塔是将折成棒状的椰叶先编构成四根主柱，在主柱的五十厘米左右处，把柱头绑在一起，看起来像是带有弧度的金字塔。我得知，花塔是送给我们踏上旅程的花礼。

最后村里人在花塔中央摆进奉献的米，并以神圣的线将外围绕起，从造型来看，花塔所重现的无疑是"须弥山"，也就是宇宙的中心、宇宙的曼陀罗。而曼陀罗的概念影响了整个东方，你可以在日本密教寺院里的"护摩"发现它，也可以在吴哥窟的王朝宫殿里看见更大尺寸的。至于圣线（sai sin），代表的是四面佛梵天的线，也是围绕在日本护摩四周的线。

那些村人笑着编织了一个宇宙的曼陀罗送给我们。在泰国村落里，以花卉来呈现的艺术与古印度的宗教之间仍紧密相连。大本教的教祖出口王仁三郎曾留下一句"艺术是宗教之母"的名言；古希腊时代的西方，艺术也一度与宗教如胶似漆，而后随着人文主义与科学的进步，艺术与宗教在几百年前就已经分离了。而在东方，它们仍紧密相系。来大本研习传统艺术的西方学生，总是被日本艺术中所具有的宗教性给撼动，在西方，你不会在练习芭蕾或声乐的场合听到"提升人性精神""宇宙根本"这样的字眼,艺术就是艺术,宗教就是宗教,互不相干。可是在日本,茶道里的"阴阳"、能剧中的"幽玄"都隐含着宗教意涵,艺术与宗教牢牢不可分开。

不过现在的日本也越来越像西方世界了。能剧或茶道已经不是一种日常的活动了,只有少数人学习。至于密教的"护摩"更为特别,除了深入钻研佛教的人,一般人并不了解它的真正含义。但在偏远的泰国乡下,日常生活中依旧保持着日本已经丧失的宗教性。当我们看见村人若无其事地编制曼陀罗时,仿佛瞥见了一个属于艺术与宗教紧密相连的时代原型。

除了建筑物与庭园,东南亚的社会架构也给我带来许多启发,例如波利尼西亚的"禁忌体系"就是一种饶富兴味的社会现象。我不是民俗学专家,对"禁忌"并没有深入的了解,不过我觉得"禁忌"与西方的"法律"或日本人对社会所抱持的"羞耻"观念,是完全不同的两回事。在我看来,"禁忌"并不是人类所决定的,而是上天定下来的忌讳。

在大溪地,有些人在进入了禁止进入的禁忌区域之后,会会因为深深的罪恶感,导致生病、自残甚至丢失性命。禁忌潜藏在心灵最深处,一触犯它,便要引来心灵痉挛。除此之外,禁忌一旦定下便不再改变,永恒延续——哪怕人们早已忘了它原本被定下的原因。

日本也有许多这样的禁忌,例如当主人看到客人打算穿着鞋子进入家里时,心里的惊慌并不只是因为担心家里被弄脏,还包括了这样的行为已经触犯禁忌。在这种情况下，屋主脸色铁青，无所适从，虽不至于发病，但终究无法抚平心底的惊慌。

　　禁忌潜入了东南亚文化中最深不可见的底层，因此在与人们生活最密切相关的面向上——尤其是住宅与土地——拥有不可忽视的力量，这也严重影响了现代日本的景观。例如，从前日本人似乎视将房子盖在山上为禁忌，认为平地与海边才是人类的世界，山上应该属于神的圣域。因此，在山上建造的大多数都是神社与寺院，而人类的住宅区一般都是在平地与海边，而这也形塑出了典型的日本风貌。四国祖谷一带的山区是罕见的例外，由于罕见，来祖谷的人一看到山上居然有房子，总是大惊失色。

　　以前的人不愿意在山上盖房子一定有很多原因，但今天的禁忌却不是因为这些原因而存在。最近在法律规范与城乡规划的推波助澜下，平原不断开发，除了庐屋与镰仓等几个特殊地方，日本的山区几乎没有出现任何新的建筑。而这样的情况则导致平坦的地面上盖满了房子，地价日趋渐长。日本人总是抱怨道："日本真是太拥挤了。"我问道："人口密度不是与英国、意大利差不多吗？为什么会这么挤？"而日本人的回答几乎千篇一律："因为日本山多，可以盖房子的地方很少呀。"也就是说，现在的日本人依旧被束缚在"人不可以住在山上"这种古老的禁忌中。

　　意大利的托斯卡纳与美国的旧金山都有很多山坡，但当地人仍然住在山区。对比之下，虽然很多人说"日本的山特别陡峭""日本地质软",但以一个20世纪的技术大国来说,怎么会比不上文艺复兴时代的托斯卡纳呢?我认为,日本的山区难以开发,原因在于禁忌已经影响了法律与法令。

事实上,我们必须对这种禁忌心存感恩。托斯卡纳的开发方式其实非常细腻,一直到现在仍仔细避免破坏昔日景观,小心开发。至于旧金山更因为开发,而让市内甚至周围的索萨利托(Sausalito)地区都变得更美——可是日本的开发方式不容小觑,一律以电线与混凝土大军吞噬所有自然文化。

有时候,我会飞去夏威夷度假,飞机快抵达之前,从机窗看见夏威夷的山景时总不免感动。因为完全看不到任何乱七八糟的电器招牌,也没有混凝土堆起的堤防,屋舍自然融入山林间,跟着大自然的绿意从上往下,仿若绿色的瀑布。这个时候,我的脑海中总会有一些奇怪的想法:"要是夏威夷被日本统治了,不晓得会变成什么样……"在日本你只会看到一种开发手法:山被夷平,千篇一律灌上混凝土,真是令人心碎。而"山上不能住人"的禁忌无疑在相当程度上拯救了日本的山林,总算是让人欣慰。当我们坐飞机在日本上空飞过,虽然会看见河川被混凝土夯实,到处冒出巨大铁塔,但也会看到郁葱的森林,所以我真希望这种延迟山区开发的禁忌能永远维持下去。

日本曾是个大量使用木料等自然资源的国家,但如今很讽刺地诞生出了一种新禁忌,即对往昔使用过的自然资源之憎恶。也许是因为曾经饱尝地震与战火之苦,如今在日本,人们避讳将自然材料使用于建筑物中。比方说,我有个朋友曾经打算盖别墅村，想将地炉及茅草屋顶融入新别墅中，让大都会里的人也能享受山野之趣。当时计算后的建筑经费并不高，也已经找好了买主，后来却发现现行法令不允许兴建新茅草屋，只好放弃了这个构想。

而在京都，既有的旧木造住宅虽然受到保护，却不允许兴建新的木造住宅。就算没有这些禁令，京都的传统文化组织看起来比较喜欢在房子上使用大理石及红砖，胜于使用木料与纸材。如今现代人已经开发出了防火洒水系统、耐震结构与不燃处理等建筑防灾手法，我们应该已经可以抹去对火灾的畏惧了，但事实正好相反，不知道从什么时候开始，在日本使用自然材料来兴建大都会里的建筑物被视为忌讳。在 1992 年的塞维利亚世界博览会上，日本展示了一座全木构的日本馆，博得全球好评，但讽刺的是在日本国内，使用木料却被视为禁忌。

在我看来，自然材料之所以在今日被当成禁忌，并不只是因为大家害怕火灾而已，而是在日本经济迅速崛起的过程中，大众对旧有事物产生了全面性的过敏。如今中国北京也已立法规定所有新建筑物都必须在设计中采纳中国元素（屋瓦、反翘屋顶、朱柱等），然而京都却恰巧相反。在京都，就连古刹在兴建新的别馆时，也一定使用混凝土与铝窗。当初举办京都车站的竞标时，偌多提案中完全看不见半个木柱或屋瓦的设计，不像山阴县的二条城车站规划成传统风格。连一个提案都没有，这个现象显示了人心深处已将这类元素视为忌讳，也就是说，传统风格成了禁忌，特别是在京都。

外销的"丑恶开发"

让我们再把焦点转回东南亚。去东南亚旅行还有另一个乐趣，你可以在当地看到美好的文化设施诞生，而这点是在日本看不到的。例如，我在第二章时提到的泰国普吉岛度假村，那个度假村里的建筑物全是木构，设计中包容了泰国、中国与日本的建筑元素。每间客房都设计了让访客欣赏山景、海景的小凉亭，房内随处装点泰国及缅甸的工艺品，岛上原有的树木都被保护得很好，与人工景观相融合，看上去很美。而普吉岛也被评选为"全球最美的岛屿"之一。

最近，我有机会见到这个度假村的老板亚德里安·泽查（Adrian Zecha）先生。印尼出身的泽查先生如今已是亚洲的传奇人物，年轻时当过记者，他还曾在日本待过很长一段时间，之后成立公司出版《导向》（Orientations）等杂志，也成为香港丽晶饭店集团的创办人之一，之后又成为大型建筑商。最近，他卸下了丽晶饭店的合伙人身份，开始开发崭新的度假村。

他和我聊起了他最近的一个企划案。他说在全球大型连锁饭店纷纷进驻巴厘岛的情况下，巴厘岛的海岸线如今已经变成了一片空洞的混凝土森林。而富裕的外来游客由于不了解当地习俗及宗教，也给当地带来了不良影响。最近，他在巴厘岛的另一侧海岸开发了新型度假村，这个度假村不但结合了现代的水道与空调设备，更是一幢幢戴着茅草帽的小木屋。原本度假村的基地内有一条当地村民通往寺院参拜的小径，泽查先生没有封掉这条路，而是让这条路变成度假村的大厅，村民每天都可以自由经过大厅，照旧前往寺院参拜。他更让客房与邻村只隔着一片围墙，当房客早起推开窗子，会看见隔壁庭院里的鸟儿与当地孩童。这些当地元素都被融入在他的度假村中，同时也借由巧妙的设计来保有房客隐私，创造出最精彩的度假村风貌。

泽查先生说："我不会做高尔夫球场，来我这里的客人是想接触文化与大自然。如果客人来了还住在混凝土与大理石的饭店里，来巴厘岛就没有意思了。更何况，我并不希望我们公司的案子对当地造成不良影响，我希望它带来好的能量。这是我的梦嘛。"听起来，泽查先生的愿望好像真的是梦，不太可能实现，但他的度假村事实上已经在东南亚各地大获成功，所以其实有很多旅客愿意诚挚地接触当地文化，沉浸在静谧的大自然中。看来市场上的确有这股需求。

我以前在崔梅尔·克罗房地产公司工作时，曾接触许多日本的大建筑商，也遇到过很多地方上负责开发的行政人员，但从来没有碰到过像泽查先生这样的人。最近，我还发现了一件很令人悲伤的事：日本这一套丑陋的开发方式似乎开始外销了。例如在泽查先生位于普吉岛度假村的附近，就有日本建筑商正在开发度假村，不仅把树全砍了以便打造高尔夫球场，建筑物也以晶晶亮亮的大理石打造，完全无视泰国本土的自然景貌。

到目前为止，我虽然一直在谈泰国的自然环境与建筑，但其实去泰国旅行最有趣的地方并不在于这两点。泰国最美的风景是人。基本上，泰国人就像小孩子一样，我的意思并不是指智商方面或社会成熟度，我说的"孩子"，是像孩子一样保有一颗天真无邪的心。

我很喜欢中国，可是我无法在中国人身上感受到"孩子气"，中国人在金钱计算、艺术上的平衡感、人生哲理等方面，脑筋永远都在转，所以才能创造出活跃经济、文学与哲学，也因此我很尊敬中国。

可是泰国人和大溪地人就没什么心眼。你可以从他们一瞬的微笑中感染到纯粹的幸福。这种"孩子气"出人意料地似乎在日本也有。当我身在前往茉莉亚岛的渡轮上，看见周围大溪地人的笑容时，我想起了日本。在日本古老的神社森林里，在《万叶集》、平安文学与歌舞伎的戏闹里，似乎也存在那么纯真的孩子气。

当然，孩子是危险的。麦克阿瑟将军离开日本前留下一句名言："日本人就像12岁的男孩。"当12岁的男孩拿起了现代的高科技工具在大自然里玩耍，必然伴随着危险。

我在泰国有位经营西藏美术品生意的荷兰朋友鲍勃。某天我去鲍勃家玩，他给我看了西藏地毯。那是西藏地区的独特配色，龙虎伸爪、口吐火焰、鳞羽贲张巧妙地交缠在一起。我为眼前的美而屏息了。这时候鲍勃说："阿列克斯，你要小心啊，这就是东方。虽然美得叫你目眩神驰，但才眨个眼睛，眼前的人就变成了张牙舞爪的龙虎，全力扑到对手身上去啃噬，你千万别轻忽大意！"

"龙虎精神"向来存在于亚洲任何一个角落，尤其在日本，它已经成了一个大问题。跃升为经济大国的日本破坏了马来西亚的森林，目前还打算把粗暴的开发手法外销到其他国家。与其说它正在帮助亚洲国家，不如说它其实是在遂行龙的掠夺。

我之所以担心日本会为其他亚洲国家带来不良影响，是因为东南亚的文化与自然环境极其脆弱。他们与日本一样快速发展，而如今泰国等地的破坏情况甚至比日本还严重。偶尔也会出现如泽查先生那样的有志之士，但在亚洲，你找不到任何一个像欧洲那样，在发展的同时，致力于保护原有文化与自然风貌的国家。

将希望寄托在"最后的乐园"

如今东南亚只剩下一个未开发国家，我对那国家寄予无穷希望。这个国家就是缅甸，而我的希望其实来自于悲剧中。近30年来，缅甸从一个丰衣足食的国家，倒退成今日全球最贫穷的国度之一。邻近的泰国、马来西亚与印尼蓬勃发展，而缅甸完全落在后头。

这当然是缅甸的一大悲剧，但也在这个悲剧下保存了缅甸之美。今日的缅甸既不像日本被小钢珠店与电线淹没，也没有泰国与印尼那样的产业污染，假使能出现一位具有大智慧领导人，缅甸可能成为全亚洲唯一取得平衡发展的国家。

而这个具有大智慧的领导人无疑已经出现了。那就是获颁1991年诺贝尔和平奖的昂山素季女士。如今虽然她被软禁在缅甸寓所中①，但我深信她总有一天会成功。

我在牛津大学留学时主攻的中文，同时我也学习了藏语。当时的藏文老师名为迈克·阿里斯，而他的夫人正是昂山素季女士。当时她只是一名平凡的主妇，和我们年纪差不多，可是我们大家都很尊敬她。尽管大家对她父亲昂山先生（带领缅甸独立的英雄，被缅甸人尊为国父）所知不多，但她的美、银铃般的嗓音、在历史与文化上的博学通达以及无比清晰的思考方式，都让她成为我们心中的女王。当时昂山素季对政治完全没有企图心，但她很认真地学习关于缅甸的一切历史，并且为牛津大学整理了图书馆中庞大的缅甸相关资料。

日本对缅甸的独立运动以及昂山先生都有深远影响，因此昂山素季也学了日语，研究第二次世界大战的相关历史。1986年，她来京都大学留学时曾经来龟冈家里找我，那是她回缅甸前不久的事，当时没有人料得到后来的发展。我对她向我说的话非常感动，她告诉我她父亲昂山先生对日本曾是如何怀抱希望，而当她父亲发现，日本果然想把缅甸当成殖民地时，又是多么失望。

她思考了很多今后缅甸该如何与日本往来的问题，也对英国、美国、印度等有所涉猎，我对她真的相当佩服。龟冈家里

---

① 昂山素季女士于断断续续被软禁长达15年后，已于2010年底缅甸大选后获释。

一直摆有她的照片。

昂山素季深受缅甸人民敬爱，虽然她与英国人结婚，住在西方很久，可是她从来不敢忘却自己在东方的根。我深信她将来一定会成为缅甸的领袖，而那时，希望她能守护残留在缅甸的亚洲最后的自然与文化，将东西方优点结合起来，把缅甸建设成一个理想国度。

日本与缅甸有很深的渊源。当年援助昂山素季的父亲、推动缅甸独立的正是日本，因此当昂山素季成为缅甸领袖时，日本企业必定急着进驻缅甸。到时候，日本会不会也变成一条龙，袭摄缅甸呢？我真心期望日本企业能向泽查先生那样的人看齐，为缅甸带来正面的影响。

从孩提时代开始我就在日本追寻美，但日本已经被污染了；接着我到东南亚探寻，可惜东南亚也正在步上和日本一样的后尘。如今，我还有最后一个梦。

我虔诚地祈祷，缅甸可以成为东方唯一一个自然景观与人文开发和谐共存的国家。

第十四章 得见最后一道光

神秘的屏风山水画

我说个古美术的推理故事。

大约七八年前,我买了一件屏风。屏风上画的是山水画,与我们平常看见的有所不同,只有很少的地方刷上了墨,留下大片空白。而在空白中,有些地方用"洒"的方式洒上了墨,凝眼瞧去,墨迹中仿佛显现出了蒙眬的山形,给人的整体感觉就是一幅山水画。我觉得这作品很像是室町时代流行的"泼墨山水"。

通常有点历史的屏风,一定都改过一两次裱装,现在见到的都已不是原有的模样。这件屏风也在江户中期左右改裱,不知道是不是因为当时的拥有者觉得留白过多,于是用一种称为"金泥"的颜料把留白处整个刷满。另外,在屏风左右两端虽然留有"授野探幽"的落款,但这件作品怎么看都不像是出自探幽手笔,我认为是在重新裱装时,原来的落款已经被修改,改写成"探幽"。那片金泥成了整幅画的障碍,让我们不知道如何解读原画,加上原始落款已经不见,我一直不知道它到底是哪个年代的作品,又是出自谁的手笔。

这件谜一样的屏风在我家的角落待了四五年之久,后来,我觉得这样不行,金泥掩盖了原本的构图,便将它送到裱装行重裱。过了两年,1992年的春天,它终于装裱完成,送回了我的家中。

金泥与探幽的落款全修掉了,画作终于露出了几百年前的模样。我再次见到这件屏风时,心里一惊:这件不是普通的泼墨,它与名闻遐迩的雪舟画泼墨山水的手法很像——画面上的一大片留白,透露出某种龙安寺与大仙院经典枯山水砂庭中所带有的深邃神秘。

这件神秘的画作引发了我的兴趣,我开始去研究泼墨。本来我心想泼墨画作应该很多吧,因为雪舟的泼墨山水实在太出名了!但出人意料的,泼墨作品竟然很少。虽然泼墨曾在室町时代的1470—1550年间流行一时,不过即使在那时,泼墨似乎也算是比较特殊的类型。

当时的山水画法分为三大类,取意象分为"真、行、草"。"真"是像楷书一样仔细描绘的山水画,清晰地画出石头的肌理、山形、家的墙壁与窗户和树木的枝干线条等。"行"则如行书一样稍微随性,下笔快速,在山与枝干等的细节上也画得比较简单。最后一种"草",奔放的泼墨如草书般狂野。画泼墨时,画者只会画出房舍的屋顶,用毛刷飞刷两笔以表现山,用泼墨五六点来代表树，是极简的抽象描绘。

泼墨曾经风靡一时，但进入桃山时代后逐渐减少，直到江户中期完全消失。我为了与手中这件屏风做对照，曾想找一件雪舟风格的泼墨屏风，可是现存的泼墨几乎都已经变成了挂轴，市面上完全没有类似的屏风。我从那时起就不禁怀疑，我手中这件……该不会是仅存的一件泼墨屏风吧？

我和许多专家讨论过，果然没有人专精"雪舟风泼墨屏风"。看来"仅此一件"没办法作为研究对象，我心底的谜便一直未解。

"在广仁之乱时烧了"

在探索历史的过程中，我发现了许多很有意思的事情。泼墨技法始于12世纪的中国宋朝时代，很久之后，才传到日本。而日本的山水画一开始当然以"真"为大宗，接着稍微出现了一点"行"，直到室町中期为止，日本并没有"草"的存在。然后为什么在1470年之后，泼墨技法"草"却突然在日本流行起来？

以现代的眼光来看，泼墨技法拥有惊人的现代感，雪舟的泼墨表现得尤为突出。那种极端的抽象性在全世界的绘画史中也相当罕见，我觉得很不可思议，为什么会在那个阶段，日本会出现这样的画风。

经过一番研究，我发现当时泼墨之所以很流行，与所谓的"东山文化"有关系。而东山文化之于我是一大发现，所以我想先提一下东山文化的背景。

一般所说的"室町时代"其实是一种统称,而不是一个统一的时代。由于当时足利幕府的政权极不稳定,室町时代曾出现过好几个短暂而文化迥异的年代,譬如室町初期(1330—1400年左右)是以足利义满为中心的优雅文化盛开的年代,有金阁寺与能剧的世阿弥①。初期之后,幕府的势力逐渐薄弱,1467年时,京都发生了严重的内乱"广仁之乱",长达11年的内乱将京城全毁,因此,京都现在完全没有留下"广仁之乱"以前的建筑物。

我刚搬去龟冈时,曾有机会与一位京都的奶奶聊天,在过去她的家族是名门望族。这位奶奶说:"你对古美术很有兴趣嘛。"她说:"我家以前也有很多很棒的古董,结果全在战火中烧了。"我很惊讶:"战争?京都不是没有受到轰炸吗?"奶奶一脸愤懑:"我跟你说的是'广仁之乱'啦!"原来老奶奶还在为500年前的内乱愤愤不平。

一直延续到15世纪后半叶的"广仁之乱",在日本史上是个惊天动地的大悲剧,恐怕只输给第二次世界大战时的战败。当时已经有600年文化的京城整个被烧成一片荒野,大德寺在内的所有禅寺无一幸存,公家全都逃到乡下,将军在东山盖了一个银阁寺躲在里面不问乱世。

银阁寺是一个时代的象征。虽名为"银",可是在那里连

---

① 室町初期的猿乐者,猿乐即能剧。世阿弥与其父亲阿弥奠定了现今能剧的演出形式,并留下极多著作及戏曲。

一片银箔都看不到，造景只有一个陋小的砂庭，而那砂庭也不是为了要在阳光下看，而是要在月光下欣赏。银阁寺的建筑与砂庭淡得出水，一眼望去泛善可陈，可是最近游客很爱去那里拍照，拼命拍完了就回家。我总是纳闷他们到底在拍什么，银阁寺的抽象之美不是在用眼睛去看，而是要用想象力。回头想想，当年内乱持续的京都，即使贵为将军，也只能从朴实无华的抽象事物中去寻找美，而由于银阁寺位于东山，这种"抽象朴实"的感性便被称为"东山文化"。

早在"广仁之乱"很久以前，佛教——尤其是禅宗对"无"与"虚"的观念——已经深深扎根在日本人心中。但那时候的"无"与"虚"不过是观念上的存在，直到"广仁之乱"时，京都的文士被迫以令他们惊恐的方式"与无相遇"，京都化为废墟，将军、公家、佛僧、百姓，连老奶奶的祖先都变成了穷人。

雪舟在"广仁之乱"发生的那一年，即在1467年渡海前往中国学画，两年后回到日本。在他回日本之前，日本画一向以"真""行"为主流风格，刚好在他回来的那段时间，日本流行起了"草"式的泼墨。东山文化虽然只从1460年维持到1510年，仅有短短50年时间，可是这段期间内各种艺术的风格变化十分剧烈。在花道里，除了传统直立式的"立花"，还出现了风格较为自由的"抛入花"①，而茶道中，村田珠花奠定了"侘茶"的理念。禅的世界中则有一休和尚开始尝试独特的粗放笔法，龙安寺与大仙院的枯山水也创作于这个时期。换句话说，所有

---

① 用抛入手法让花材斜向堆摆于花器开口的一种插花手法。

领域中的艺术风格,都忽然从"真"走向了"草"。

进入 16 世纪之后,来到了战国时代。地方上的大名①累积起财富,将"无"的气息一扫而空。时代转向了桃山时期的豪华意趣,属于东山的极其精简抽象的美感,于是从这世上消失了。

但在那段为期 50 年、不可思议的东山时代所创造出来的文化,却成为现代日本文化的基础——花道、茶道、书法、庭园,无一不是站在"草"的基石上发展,而这股力量让日本在相当程度上影响了全球文化。我这么说或许太夸张,可是我觉得唯有在豪华璀璨这方面,外国人完全不需要向日本学习。北京的紫禁城、曼谷的皇宫、巴厘岛的舞蹈,华丽全都远远超过日本,这些璀璨文化在亚洲其他国家都找得到,唯有日本在那 50 年间"与无相遇"的过程中所创造出来的、独属于日本的"草"——包含茶汤、枯山水庭园等文化——给全球带来了无比深远的影响。

日本最后一位藏家

再说回我的那件屏风。我的屏风虽然充满了雪舟味,比雪舟更雪舟,但它并不是雪舟那个年代完成的,所以,我想它应该是所谓的"云谷派"作品。当年雪舟在山口系成立了画室"云谷庵",雪舟过世后,云谷庵由弟子承传下来,世人便把这一派画家称为"云谷派"。云谷派随着时代传递,也逐渐脱离了雪舟传下的技法与精神,因此出人意料的,云谷派画作中并没

---

① 较大地域的领主。

有留下几件会令人联想到雪舟的作品,我也找不到与我那件屏风类似的画作。

屏风的谜迟迟未解还有一个原因,就是我找错了专家。最初我咨询的是大学与美术馆的学者教师,其实眼光最精准的应该是私人藏家。虽然最后你还是得听取学者的意见,可是学者的人数那么多!加上私人藏家看待作品时是充满爱的眼光,他们除了看,还会向你推荐适合的学者。我从这件事情上学到,如果想认识好的专家,就得先认识好的藏家。于是我决定换个方向,先去找藏家,再请藏家帮我介绍好的专家。

但是那时候日本已经几乎没有什么收藏日本美术品的藏家了,稍早前还有光佐三及松下幸之助等人愿意付出上亿金额收藏好的文化财产。可是如今,日本已经没有了解日本艺术之美的人,大企业只愿意收购西洋的印象派作品。

很妙的是,我刚好在这时候认识了细见实先生。他是住在大阪南方的一位传奇藏家。细见家从上一代加入收藏行列,而细见实先生的涉猎极广,从奈良时期的佛教艺术以至江户时代的琳派等,手中收了不少重要的文化财产。如今日本私人藏家的藏品几乎都已成立美术馆或由财团收藏,仅存的私人藏家只有细见先生而已,所以他被称为"日本最后一位藏家",我去拜访了他。

细见先生果然知道谁是最了解云谷派的权威学者,立刻安排我和对方会面。而那位学者的调查结果如下:屏风是出自江户初期一位叫做云谷等哲的画家之手。等哲(1631—1683)虽然以花鸟图知名，但也留下了一件泼墨挂轴。我那件屏风与挂轴有许多画法吻合，因此判定是等哲的作品。原来如此，这么一来我就懂了。屏风于江户中期重裱之际，正好是云谷派不值钱的时候，所以原物主把等哲的落款消掉，改成了当时名声大噪的探幽。

屏风送去鉴定时，我还另外学到了一件事。泼墨这种风格神秘的画法，并不太适合用在太宽敞的纸面上，因此一般舍弃屏风，展现在尺寸较小的挂轴上。现存尺寸稍大的泼墨作品则有大德寺真珠庵的纸门。也曾有一些画家（诸如海北友松）把泼墨技法融入屏风画，但这些人并没有留下非常雪舟式的泼墨山水。此后虽然也不见得就没有其他雪舟风格的泼墨屏风出现，但至少就专家学者所知，目前等哲的这件作品，是唯一一件雪舟风格的泼墨屏风。在这件屏风中，凝缩了雪舟、珠光等人所追求的"质朴抽象"之美，偌大的画面精湛地展现了东山文化的"无"。

这里头有一件很反常的事。等哲活着的时候，室町时代早已结束，潮流也转移到了江户的庶民文化。尽管东山文化已成明日黄花，等哲却把这黄花之美展现得淋漓尽致，创造出了东山文化的杰作。

整体而言，江户是个很怀旧的时代，非常努力想要重现室町的美好，因此本阿弥光悦的优雅画法、桂离宫以及修学院离宫，都是在这个时期以"室町的最后一道余晖"出现。就时间而言，这些作品的确完成于江户初期，可是它们与歌舞伎、版画等江户庶民文化是天差地远的两种呈现,精神上它们毋庸属于室町文化。

最讽刺的是,室町时代并没有达到桂离宫那样的高度。桂离宫的难得在于完美,可是金阁寺只有金阁寺的建筑物本身算是艺术,旁边池子等并没有经过太多精心设计,银阁寺的建筑与砂庭、苔庭间也没有整合好;桂离宫的所有细节都是细心考量、环环相扣,从一块块经过茶人细心推演铺设的石头、草苔的生长形貌、屋脊与山景之间的线条平衡,以至于围墙的草绳绑等,全都只能以"完美"来赞誉。就是这份"完美"让桂离宫在20世纪初惊艳了西方人,而自那之后,桂离宫便成了全球知识分子渴于一探的"圣地"。

当时代还属于室町,室町并没有必要去经营出"完美"的作品,因为属于室町的感性还留存在每一时的空气中。但当时代递嬗到了江户初期,室町之美已成逝去的一个"梦",那一刻,江户人开始意识到要赶紧把"梦"给找回来,于是站在过去的基础上善加调理,料理出了集室町感性之大成的桂离宫等作品,而在这段时期,泼墨山水也重新受到重视,等哲等人在时代的怀旧影响下,对昔日之美也不禁心生向往。

等哲是云谷派宗家云谷等益的三男,其他兄弟继承了云谷派。但等哲似乎被排除在外。例如,从当时的萩市地图来看,其他兄弟住在城内,等哲却自己住在护城河外头。由于被云谷派主流所排除,等哲反而可以脱离云谷派的技能,重新回到雪舟画风。也因此,他画出了连雪舟也没有完成"或者画了,但已丢失"的唯一一件、属于过去之"梦"的泼墨屏风。

在我看来，等哲的局势无疑相当微妙。一方面他住在护城河外，等于是个货真价实的"梦"。可是，如果他是个完完全全的外围分子，也不可能画出忠实的雪舟精神。正由于他是云谷派宗家的三男，才有办法直接接触到雪舟留下的传统，参考我们如今已经看不到的东山时期的种种资料，从而孕育出东山时期的"梦"。

江户时代也是一个关键时刻。如果等哲生得早一点，就会受到云谷派或海北友松等人的影响，于是无法创造出那种纯粹的作品；如果生得再晚一点，室町时代与东山文化又已经从世人脑海中消失，等哲也不会想到要去重现。可是在江户初期那个当下，尽管室町时代已死，可还是在人的心底画下了痕迹。因此，等哲才能掌握住东山文化的精髓，创造出集东山大成的画作。

实现"京都之梦"的花道名家

以上是我关于古美术的一段"推理故事"，现在我们要回到现代。

最近，我认识了一位花道名家川濑敏郎。遇见他之前，我对花道并没什么特别的兴趣，当然在茶室里看见茶花时也会觉得雅致可巧，却还不至于被打动。从前利休说，花要插得像"在山野里一样"，但事实上茶花充满了限制，可赏的范围也跟着变窄。以选项来说,冬天的竹笼要"删",什么都要删,规矩一堆!与其说是"山野",毋宁更像"删也"。那我还不如在龟冈附近散步,欣赏真正山野的花就好了。至于古典花艺,主花必定昂扬挺立,旁边的上衬花则一定左歪右折、极不自然,让人看了不免觉得呆板。

现今虽然出现许多新流派,可是几乎都华丽到了可谓古怪的地步。唯一的共同点——无论新旧——都逃不过现代日本的恶意荼毒。住在充满荧光灯、铝门窗与电线堆的环境中,果然会让花道师失去对色彩与线条的敏锐度,看看他们搭配的花器与室内陈设,只能令人别过头去。

可是川濑先生的花却不一样。我无法用文字来描述,总之他的花美得让人落泪。他插的花,的确有股传统花道的凛然正气,枝条没有左弯右折,只是以极其自然的姿态舒展,像在告诉你"花,就像这样"。川濑先生有深厚的文化涵养,除了茶道与花道传统,更追溯古源,将室町时代的"立花"精神实践在他的插花中。他所用的器物都是艺术品,他所摆设的空间都经过仔细思考,因而让他的花透露出一种如梦的美感。

前一阵子他在京都举办花艺展,借了江户文人皆川淇园的宅邸来展示文人文化,那时候他把整个空间的气息都改造了。他用纸包覆冷气机,将床旁边的插座遮起,又因为纸门上的把手与花卉不和谐而重新订做了纸门。他巧妙地把自己的器物以及向我们几个朋友商借的东西搭配在宅邸里,用屏风、锅岛地毯、文房四宝布置了一个美的天地,最后插上意趣曼妙的花,邀客参观。

我去看的时候,在场的京都观众表情实在令人忍俊不住,看来大家都已经"求美若渴"了。京都都自甘堕落成这样,放眼所见都是半吊子,而川濑展现出了一个存在着绝对之美的世界。难怪大家要惊诧动容。

川濑这么说:"艺术并不是把自然一五一十地呈现出来,而是不断努力逼近到最接近自然之美的状态。如果想让大家看见一个梦,你就必须尽致完美。不完美的梦不太自然,只有在完美的那一刻,梦才与自然近在咫尺。"京都人之所以惊诧,是因为在京都文化几乎失坠的此时,川濑却将京都的"梦"以完美的姿态展现在他们眼前。

得见最后一道光

在本书的十四个章节中,我谈到了自己的各种经历,最后我想站在这样的基础上通盘思考。一开始,孩提时候的我被日本的传统屋舍所吸引,古木的苍美、打开纸门与隔扇时的开阔、走廊和内庭,这种传统屋舍让我感受到浪漫,而我有幸在四国祖谷的民家与龟冈的"天满宫"生活。然而与此同时,老屋子里的美好生活却几近在日本消逝。比如京都,不管是城市还是乡村,所有老屋子全都被一视同仁地铲除或是改建。1973年,当我第一次踏入祖谷时,祖谷的屋子全都戴着茅草帽,然而当我在1988年重新铺设屋顶时,却成了祖谷最后一次铺设茅草屋顶的行动。

我总是怀疑，现在全日本把古老房子弄得优雅、日子过得浪漫的恐怕只剩20人。其中应该有五六个像细见实先生那样非常独特的日本人，而剩下的恐怕全是外国人。至于日本人呢，怎么生活？那些新房子粗制滥造，不足一提，至于老房子，外表虽然依旧，里头却也改成了铝门窗、荧光灯还有各种塑胶制品。我去中国香港和泰国时，发现当地的富裕阶层一定会过着较有美感的生活，但在日本，无论贫富，不管你是茶道或花道一类有教养的老师，还是没教养的，全都生活在一片丑陋中。

接着我爱上了日本的山与大自然。我自从发现祖谷这个美妙的山区后，便一天到晚往祖谷跑，可是如今祖谷的自然环境也被破坏了，原生态森林成了一片千篇一律的杉木林，河道被两旁的混凝土给夹着，山上立满了电线与铁塔。祖谷的人口稀少，所以破坏程度还不是那么严重，可是看看一般日本乡下，真是面目全非。如果觉得我说得太夸张，不妨开车去乡间走一趟就知道了。请你们算算没看到碍眼的电线、铁塔、招牌、混凝土堤防、塑胶罩等丑八怪的时间有多长，不超过三分钟，三分钟后一定会看到丑陋的怪物。

后来我迷上歌舞伎，认识了雀右卫门和玉三郎。虽然相较之下，歌舞伎还算保有生气，可是原有的歌舞伎美感精神，我认为也日渐薄弱。多亏出现了玉三郎这位天才，他那令人屏息的美有如盛放的烟火，让歌舞伎绽放出最后的光芒。

我变成了一个艺术品藏家。那时候刚好是日本人对日本美术意兴阑珊的时期,所以,我才能奇迹似的以较少的金钱买到了丰富的收藏。不过我觉得这套路应该也已走到尽头了,因为好的屏风与挂轴逐渐可遇不可求,我想,以个人身份收藏古美术品的时代,或许已经逐渐在日本进入尾声。

我曾走访许多京都与奈良的景点,却眼睁睁地看着美景被摧毁。特别是京都的破坏情况,严重到令人怀疑:"现在日本人对于往昔之美是不是有什么恨意?"

以上是我观察出来的结论,日本大自然与传统文化无疑已病入膏肓。

从前中国人在改朝换代的时候,新王朝做的第一件事便是书写前朝历史。因此宋朝学者写唐史,元朝学者写宋史,一代一代写下去。唯有当一个文明死亡之后,你才有办法去归结它、整理它。

江户初期,等哲生活的时代无疑是一个这样的年代。当室町时代的感性既亡,江户初期的艺术家才有办法在各方面创造出集室町大成之作。在建筑里,有皇室兴建的修学院与桂离宫;书法与工艺领域中,有光悦穷尽美的纯粹;泼墨山水则有等哲的屏风大作。

我想,我们当前不就是这样一个时代吗?正因为日本文化已经走到底了,我们才有机会创造精彩。比方说,让我们想想玉三郎,他那样子的美或许以前并不存在。当我们翻阅从前的歌舞伎照片或听耆老的口述,会发现以前的女形好像没有玉三郎美。可是那个年代,歌舞伎活在当代人的心里,就算舞台上没有呈现出极致之美，美的意识依然在大家心底生生不息。

但如今歌舞伎离观众太遥远了，对观众来说是一个"梦"。川濑先生说过，"不完美的梦太不自然"，所以现代的女形必须美得像一个梦。就在这样的情况下，我们有了玉三郎这位一百年前从未有过、今后一百年恐怕也不会有的美人。

但玉三郎不只是美，他认真无比、广泛地涉猎日本与全球戏剧，一点一滴凝结心血，才打造出这连过去也不曾有过的美，将历史中的歌舞伎女形之最呈现在世人眼前。

目前，正在将日本文化以最终极的形式呈现出来的这些人，还有一个地方和等哲很像。等哲是个立场很特别的人，尽管出身云谷派宗家，却不在主流之内。而这点，川濑先生也是。川濑先生出身于花道起始"池坊"的创始地——京都六角堂——旁的花店，年轻时他曾向池坊师傅学习花艺，独立之后并没有归属任何流派，也没有创立新流派。他的基础来自于自古以来的花道做法与精神，而他已完全做出了不同的层次表现。

去参观川濑先生花艺展的人里，有一些外国人，但不管外国人或日本人，其实大家的立场都一样。在日本传统已经消逝的前提下，今日川濑所呈现出来的这个梦境世界，即使是看在日本人眼里也如异乡。我听说川濑的花曾经被人形容为"法国人眼中的日本"，我想从这个角度来看，当前日本文化的集大成之作有一个很有趣的现象：所谓"日本梦"是外国人眼里的日本，而充满混凝土与电线的丑陋现实则是真实的日本，因此已逝的日本之美对日本人来说，无疑是个他乡的风景。就这一点而言，日本人也是外国人。

日本似乎有句俗言说"想要便能得"。对于我在"美"上的追求，上天全都慷慨应允，他让我得见日本最美的山祖谷、遇见传统艺能两百年也罕见的天才玉三郎、最后的藏家细见实、花道的川濑，还有那件展露东山文化奥秘且难求似幻的等哲泼墨山水……这种种一切，真是踏破铁鞋也难求。

我们无法阻止往日美好消逝的脚步，我以为，我还是挺幸福的，因为我见到了美好日本的最后一道光。

后 记

（收录于文库版）

十年前，我写了一篇文章，再后来就成了这本书的底稿，之后最初的底稿一再修改、增加内容，终于成就了此书。

1990年的秋天，时任《新潮45》总编的龟井龙夫先生从东京大驾光临我在龟冈的寒舍，不知他从什么渠道听说了我位于祖谷的茅草屋，于是希望我能写篇关于祖谷的稿子。那时候，我并没有太多用日语写作的经验，心里很犹豫，其实在我心中对祖谷、对日本山川与自然变化的情感已经累积了很长的时间，我也希望能够写篇文章来抒发一下。我诚惶诚恐地接下了这份一开始只打算连续两回的连载，以《追寻逝去之美》为题描写祖谷。

这便是开端。一般描写日本传统文化与田园之美的人，由于对这些事物的珍爱，自然会把焦点摆在描述这些事情的美好上。可是我的文章却是展现了田园浪漫背后的传统衰颓、景观破坏，写下了日本现实的一面。于是一篇原本应该美好和谐的感叹，却成了满怀忧思的感慨，我心想读者大概会恨死我吧！可是当你真心想写下日本的美好时，怎么可能不笔带悲伤？于是我还是就那么写了。

文章发表之后，出乎我的意料，反响很好很多，我收到了许多读者来信。我很惊讶，原来很多读者的想法和我一样！大家对日本文化的情感十分矛盾，又爱又恨，正因为爱，所以忧虑。于是在写完了两期的祖谷连载后，龟井先生希望我继续写歌舞伎，而后发展成为长达两年的连载，一路写了《美术收藏》《奈良》《东南亚》等文章。

1993年，我把这些文章稍加修改，集结成《消逝的日本》这本书。那时候我心想这件事告一段落了，没想到隔年获颁新潮文艺赏，于是曲子得继续演奏下去——这一次，变奏的不只是书，连我的人生也开始转变。获奖后，我受邀参加了很多研讨会及座谈会，开始认识一些文化界人士与学识丰富的前辈，出现在电视及广播节目中，也有更多新闻杂志约我写稿。同时，包括司马辽太郎先生等先进人士，大驾光临寒舍龟冈及祖谷的人也多了。在这些交流活动下，我对书中议题的认知也逐渐加深。

后来澳大利亚专门出版旅游书籍的孤星（Lonely Planet）出版社获知本书的消息，希望能出版成英文版。

结果这一次，我用日语写作五年之后，反而对自己的英文表达能力失去了自信。我发现我居然不能把我的书译成英文！这件事比我想得还难，我就是不知道该怎么把自己所写的日语翻成英文。直译过后，原本自然流利的日语变得非常情绪化，整篇文章看起来乱七八糟。

最后我放弃了,请友人菩提·菲什曼先帮我译出草稿,我再以底稿进行修改。于是就这样把原书转化为自然流畅的英文版,并加入我在这五年来的文化活动以及与日本文艺界人士的交流,1996年,以《消逝的日本》(*Lost Japan*)为题出版。

结果这次又发生了和一开始为《新潮45》写稿时相同的情况。市面上由外国人撰写的日本书籍可以分成两类:一类是与经济相关,一类是与文化相关。与经济相关的书总是说得很生硬,不过写的是赞美或批判,基本上都是很严谨的学术内容。至于文化相关的则非常软调,倾向于以叙述手法,将日本描写成某种艺术上的乌托邦。而这种乌托邦正是外国人自明治时代以来对日本所保持的某种莫名期待。因此,我和出版社都不知晓读者对《消逝的日本》会作何反应。

结果海外读者果然也有很多人与我有相同的想法,他们或写信,或发电子邮件,告诉我"一直以来我读了很多关于日本文化的书,可是当我去日本旅行、用自己的眼睛观察后,我发现书上写的与实际情形有出入,但是知道了真实情况后,我反而才能开始去了解日本。"之后,《消逝的日本》被翻译成多国语言,如今我想已经成为现代日本文化书籍里的必读读物了。

《消逝的日本》在美国被大学指定为教材,可是最近在日本的书店已经很难发现这本书的身影了,我觉得这是个还蛮讽刺的现象:一本翻译成英文、在海外畅销的书,在日本却买不到原版。因此,我由衷乐见此次朝日新闻社愿意出版文库本。

想来，这本书搞不好还会有下一个十年呢……

尽管当初我宣称"日本文化已经走到了尽头"，但幸好现实生活中，日本之美还生生不息。在歌舞伎里，我们有坂东玉三郎；在花道里，我们有川濑敏郎；在祖谷，还有我的茅草屋"篪庵"呢！看来美丽的"残像"还没完全消逝。

可是同时，很不幸地，20世纪90年代起土木建设朝着失控的方向发展，规模膨大到了在其他国家难以想象的程度。十年前，我在书中描述的"日本之丑"越来越癫狂，山、川、海岸全都被浇灌上混凝土，以京都为首的古城毫无例外，沦陷为单调无趣的无特色地区。我想这一次，日本是真的陷入文化危机了，我在书中陈述的"忧虑"并未与时消逝，它反而更加令人伤感。

因此，我开始写英文版的《消逝的日本》时，也着手进行了下一本书的规划。书名为《犬与鬼》，延续了《消逝的日本》。为了写这本书，我花了四年研究调查与撰写草稿，没想到这么凑巧，刚好在这次出版文库本时，新书也已经完成，预计于明年春天在日本、美国同步出版。

《犬与鬼》这个书名灵感来源于白洲正子女士，其深意是在画画的时候，越是简单常见的事物其实越难画，画一条狗可不容易，画个夸张和抽象的东西连小孩子也可以两三下就画好，比如妖魔鬼怪之类的。我们把这个寓意套用到当前的日本，会发现政府迟迟没办法完成电线地下化（真实的犬），却愿意花大钱，到处盖出一堆名为"多功能中心"之类的大盒子（虚幻的鬼）。我们在其他先进国家里看不到有哪一个像日本这样在伤害国土，就这方面来看，当前的日本文化危机，已经失控到令人惊骇的地步。

我想《犬与鬼》应该是这首变奏曲的尾声了。尽管它延续了《消逝的日本》，但内容上却截然不同。在此书中，我通过本身的经历来追寻逝去的美，可是在《犬与鬼》这本书里，我跳过自身体验，完全聚焦于当前日本的失控现况。

从十年前我为《新潮45》写稿，心中带着满腔感慨，化为了《消逝的日本》，最后一路来到这《犬与鬼》的终点，但我的起点站依然是《消逝的日本》。这本书里藏着我小时候的回忆、日本的神秘之美、祖谷之梦、歌舞伎的迷人等所有我对日本的爱。我要感谢读者朋友愿意捧读本书长达十年，与我感受同样的爱与忧，各位无疑是我真挚的友人。我相信，在日本之美消逝的时代中，它的残像依然扎根在你我的心中，生生不息。